健康運動指導士
植森美緒

1日1分で腹が凹《へこ》む

4万人がラクに結果を出した
最高に合理的なダイエットの正解

ダイヤモンド社

ご注意

本を読みながら試すうちに、
ウエストサイズが落ちてしまう人がいます。
あなたのサイズは今がＭＡＸ！
読み始める前に、おへそ周りの正確なサイズを測り、
ビフォー写真を撮っておくことをおすすめします。

はじめに

本書は、あなたのお腹の悩みに応じた解決策を実践的にまとめた実用書です。

・お腹は気になるが、時間やお金をかけたくない
・運動はしているが、お腹の悩みを解決できない
・お腹を凹ませて、人生を変えたい

こんな方にぜひ取り組んでいただきたいと思います。男性でも女性でも、方法は同じ。カップルやご夫婦で取り組まれる方もいらっしゃいます。

突然ですが、プロ野球選手や競輪選手のお腹が出ていることに気づいて、「あれっ？」と思ったことはありませんか？

私はそれに気づいたとき、ものすごく驚きました。彼らは運動不足どころか、運動するのが仕事です。それなのにお腹が出ているのは、いったいどういうことなのか。

私のなかの結論は、**お腹が出る原因は「運動不足」ではない**、ということです。プロ野球選手や競輪選手でお腹が出ている人がいるのは、彼らは、お腹を凹ませる目的で体を鍛えているわけではないからなのです。

では、食生活のせいなのでしょうか。

確かに、お腹の出具合に関係はありますが、原因ではないのです。食べ過ぎが原因なら全身に脂肪がつきますが、まったく太っているわけではない、それどころか、**やせているのにお腹だけ出ている人は珍しくありません。**

お腹が出る原因は何なのかというと、端的に言えば、**お腹を引っ込める筋肉を「使えていない」または「使っていない」**からです。

そもそも私がお腹を引っ込める動作に着目したのは、腰痛がきっかけでした。24歳のときにスポーツクラブのインストラクターだった私は、腰が痛くなるとやむを得ず腰痛用のコルセットを使っていました。

腰が痛くても体を動かさねばならず、コルセットを巻くときにはより強く固定するために、**お腹を引っ込めて巻いていました**。ところが、コルセットをしているあいだだけは腰が楽になるものの、コルセットを使わないでいると再発します。

その堂々めぐりから抜け出したくて、コルセットに頼りすぎないように、コルセットを使えないときにもお腹を引っ込めておくことを意識しました。しばらくすると、**腰痛が楽になったうえに、ジャージがゆるくなっている**ことに気がついたのです。

「お腹が以前よりも凹んでいる！」

それはそれは、大きな衝撃でした。当時の私は今より体重7kg、ウエスト7cmは多く、**ハードな腹筋運動やエアロビクスを行ってもお腹の見た目は一向に代わり映えしない**という苦い思いをしていたので、目からウロコ的な驚きがありました。

それ以来、私はお腹を引っ込めて凹ませるダイエット方法を**30年近く、自分自身が**

実践しながら指導と研究を続け、現在の結論を導き出したのです。

それがすぐに効果が出るメソッドとして評判を呼び、雑誌やテレビからも多数、取材を受けました。参加当日にサイズダウンするセミナーは、健康保険組合、企業、カルチャースクールなど、参加者は1回につき十数人~500人以上までといろいろですが、年間約2000人×20年=のべ4万人以上にものぼります。私自身、特別な運動はいっさい行っていませんが、まったくがんばることなく58㎝のウエストサイズを、53歳の今も維持しています。

お腹を引っ込めるという動作があまりにも地味なため、はじめて本として出版してもらえるまでに、足掛け10年以上はかかりましたが、**「なぜもっと早く教えてくれなかったのか」**とのお声をいただくようになりました。伝えることをあきらめなくて、本当によかったと思っています。

お腹を引っ込める動作は、大変地味ですが、他のどんな運動をするよりもお腹が凹むのに効果があります。ただ引っ込めればよいというわけではなく、**お腹の出っ張り**

方により効果的な引っ込め方が異なります。ご自分のお腹に合わせた取り組みができれば、**より効率よく成果を出すことができる**のです。

「1日1分」でも、1か月で30分になります。

たとえば「1回30分」のトレーニングを1回だけやっても、体型に変化がないことは皆さんもおわかりですよね。ところが、たった1分でも、この方法を1か月続けていったその30分は、**相乗効果によって「1回30分」の何倍も効き、予想を超える成果につながります**。

今の時代、時間はお金にも勝るほどに大切です。ダイエットに時間とお金をかけるのはやめて、時間もお金もほかのことに使ってください。

巻末の「あとがきにかえて」では、実際にお腹が凹んで人生が変わった方たちの体験談を紹介しています。たとえば、このメソッドをご自分なりに生活に取り入れたある方は、1年でウエストがマイナス9㎝、体重が4kg減りました。またある方は、3

週間で体重は２kg減っただけなのに、ウエストは18cmも減りました。ほかにも、時間とお金をかけずにお腹周りをサイズダウンできた方たちの成功体験を紹介しているので、ぜひ参考にしてみてください。

本書で紹介しているのは、お腹が凹むと同時に、生涯若々しい「使える体」になるメソッドでもあります。詳しくは本編で解説していきますが、お腹に意識を向けることで、**お腹だけでなく、姿勢が変わり、体調がよくなり、印象も変わります**。

この**成功体験**はまったく大げさな話ではなく、**人生を変える可能性をもっています**。

習慣として行っている歯磨きのように、淡々と、体のお手入れ感覚ではじめてみてください。

たかがお腹ですが、されどお腹。出っ張っているよりは、凹んでいるほうが気分も上々、**自己肯定感も上がりポジティブになること間違いなしです**。

植森　美緒

1日1分で腹が凹む　4万人がラクに結果を出した最高に合理的なダイエットの正解　目次

1章

「1日1分で腹が凹む」納得の理由

2章

「即効！サイズダウン」を実感せよ

3章 ターゲットとする部位に効かせる

4章 「1日1分で腹が凹む」ための使える体の作り方

5章 「1日1分で腹が凹む」を自動化する

6章 最短で脂肪を落とす正しい方法とは？

!

本書は動画を見なくてもできるように作られていますが、私がYouTubeで配信している動画が参考になるページには、QRコードを掲載しています。よかったらのぞいてみてください。

動画ならびに動画掲載のページは、予告なく変更することがあります。機種によっては動画を再生できないこともあります。動画の再生には別途通信料がかかります。あらかじめご了承ください。

1章

「1日1分で腹が凹む」納得の理由

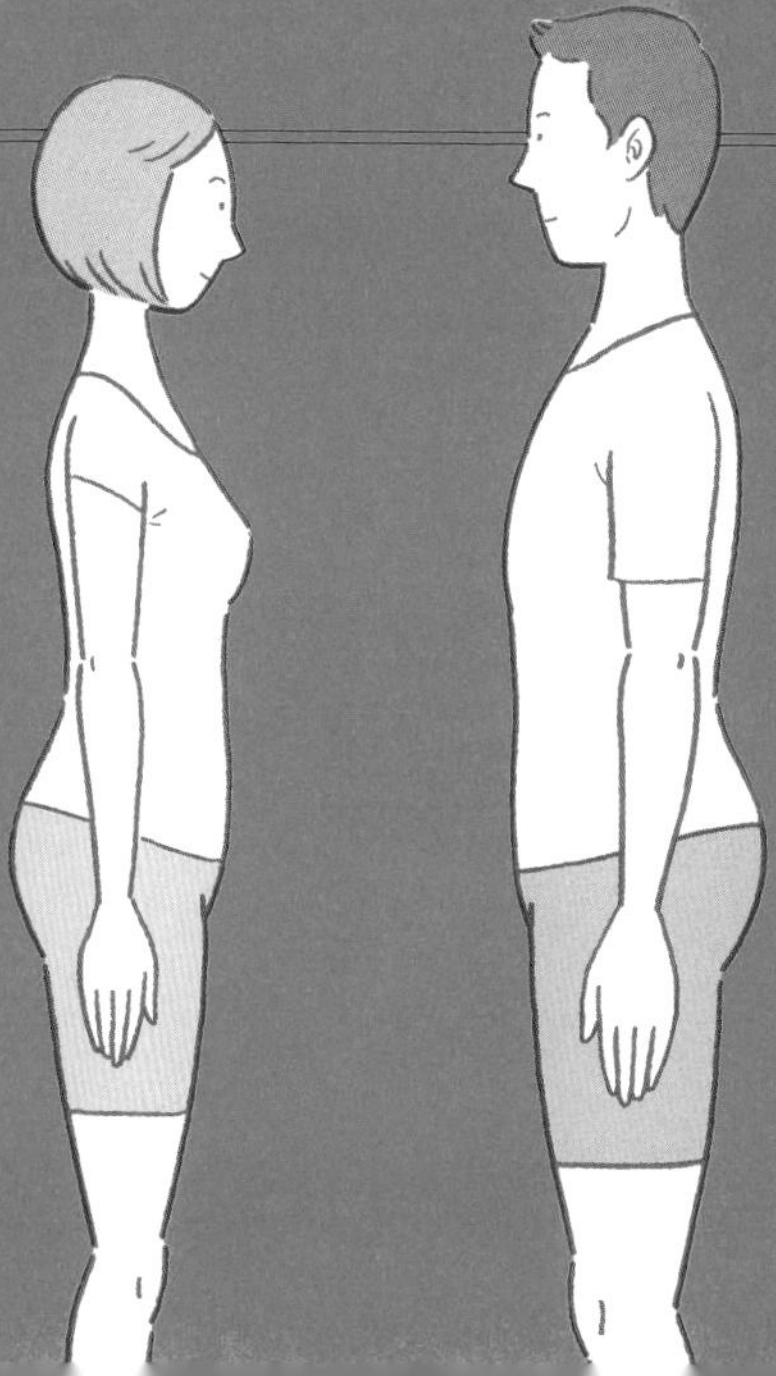

ダイエットの目的と手段を明確化する

ここでは、現在のお腹の出っ張り具合を分析しながら、**「どこをどのように凹ませるか」**という目的を具体的に考え、とるべき手段を明確にします。

目的と手段を明確化することは、仕事を進めるうえでも有効だと思いますが、ダイエットについてもまったく同じです。目指すゴールが漠然としたままでは、結果を出すための最適な手段も絞り込めません。

「やせるには、何が手っ取り早いですか？　やっぱり食事ですか？」

このような質問をされることがありますが、ひと言で「やせる」と言っても、**なぜやせたいのかによって選択する手段は違ってきます**。

血圧や血糖値など、健康診断の数値を改善したいのか、**ひざや腰の痛み**をなんとかしたいのか、**体重**を落としたいからなのか、**見た目**をかっこよくしたいのか、等々。やせたい理由が違えば、効果的な手段はまったく異なってくるのです。

たとえば、見た目のためにお腹を凹ませたいと思っている人が、食事制限をがんばるとどうなるか。体重は確かに減りますが、**お腹の表面がたるんだり、顔にしわが増えたり、お尻がしぼんで垂れたりと、肝心の見た目が悪くなる**、ということも起きてきます。あくまで女性目線で言うと、**女性はお尻が垂れている男性には魅力を感じにくい**と思います。お尻が垂れているくらいなら、お腹が出ているほうがましという女性は多いでしょう。女性が男性をどう思うかはともかく、漠然とした行動は、行く先を決めずに旅に出るようなものです。望む結果が出ないどころか、こんなはずでは……と、くやしい思いをしてしまいかねません。

お腹を凹ませるにしても、見た目にお腹が凹めばいいのか、それとも脂肪を減らしたいのかなどによって、最適なやり方が違ってきます。望む成果を出すためには、**あなたのお腹をどうデザインしたいか**を具体的に考える必要があるのです。

お腹の現状を把握し、短期決戦に持ち込め！

お腹の見た目を左右する要素は、「出っ張り具合」「脂肪の量」「たるみ」の3つです。

現在のお腹の状態は人によるので、あなたのお腹の見た目をどう変えたいのか、より具体的に目的を絞り込み、ゴールを決めていきます。

可能ならいますぐ確認していただきたいところですが、状況的に難しい場合は、帰宅後や、全部読み終わってからでもかまいません。

26ページに、あなたのお腹の現状を書き込むページをご用意してあります。ご面倒とは思いますが、やるだけの価値はあります。次ページからの解説と書き方の例を参考に、ぜひ記入してみてください。

①まず、**「出っ張り具合」**から確認します。

あなたの**お腹を上から下になでるように手で触ってみてください。**どこがいちばん出ていますか？

26ページの図にあなたのお腹のラインを書き込んでみます。たとえば、こんな感じです。

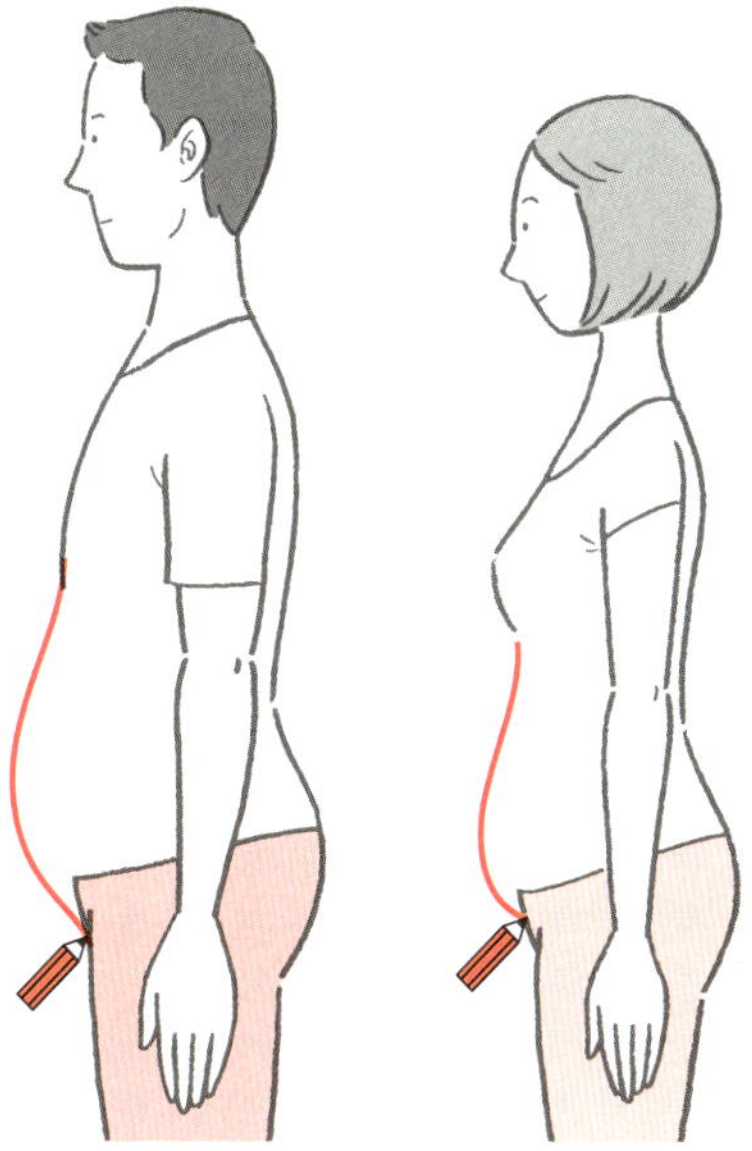

へそを中心にお腹全体が出っ張っている。

へそより下がとくに出っ張っている。

②次に、**「脂肪の量」**を確認します。

脂肪がたくさんついている場所をチェックしてください。さきほど書き込んだお腹の図で脂肪が多いところに斜線を入れます。**お腹を触る、つまむ、つかむなどして、**わかる範囲で、脂肪の量が多いところを濃く塗りつぶします。

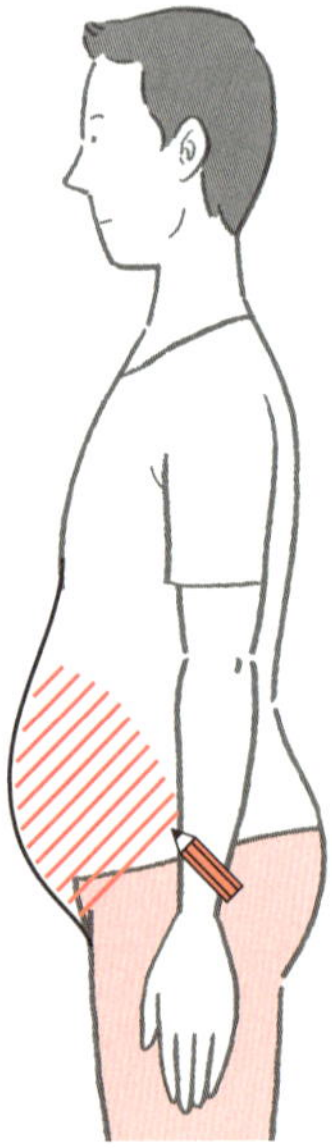

お腹全体に脂肪がついている。

下腹から腰周りにとくに脂肪が多い。

③最後に**「たるみ」**を確認します。
お腹を鏡に映してみて、たるみが生じているところに波線を入れてください。
これが、この例の2人のお腹の現状です。

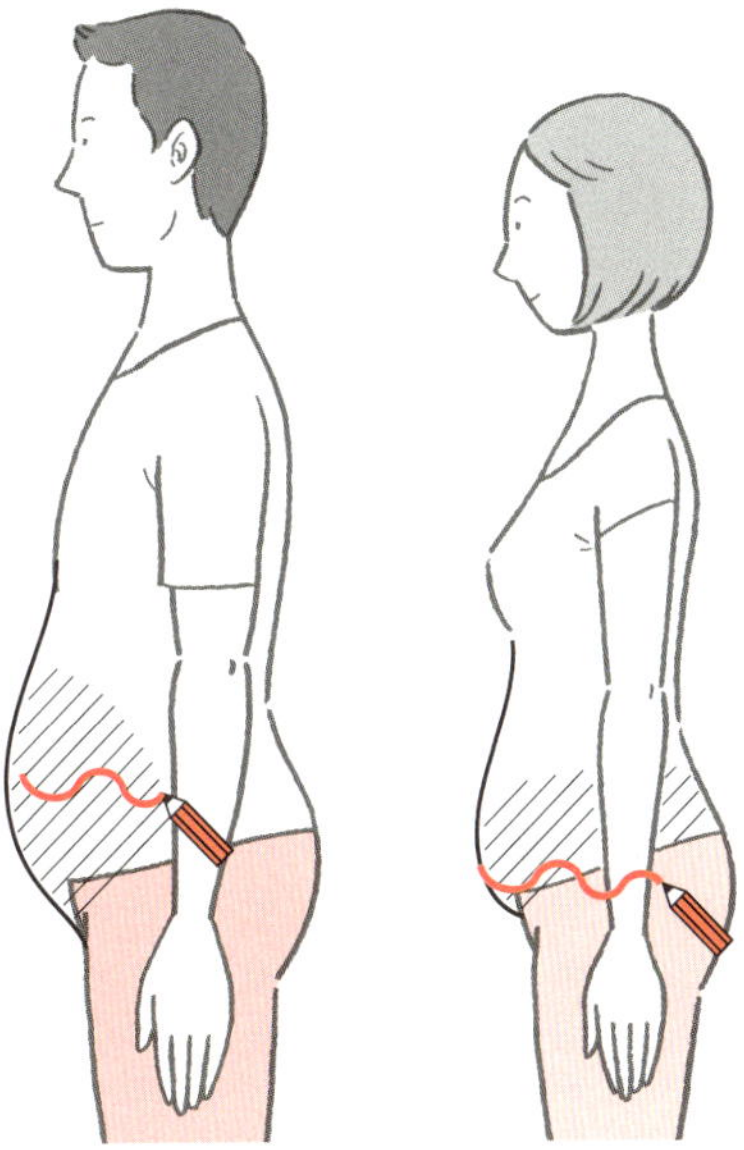

わき腹に少したるみがある。

下腹が二段になっている。

④次に、**「目指すゴール」**を赤色で記入します。
現在のお腹の形と、目指すお腹の形が確認できましたね。
この差の大きいところが、この２人のお腹のターゲットとなる場所です。

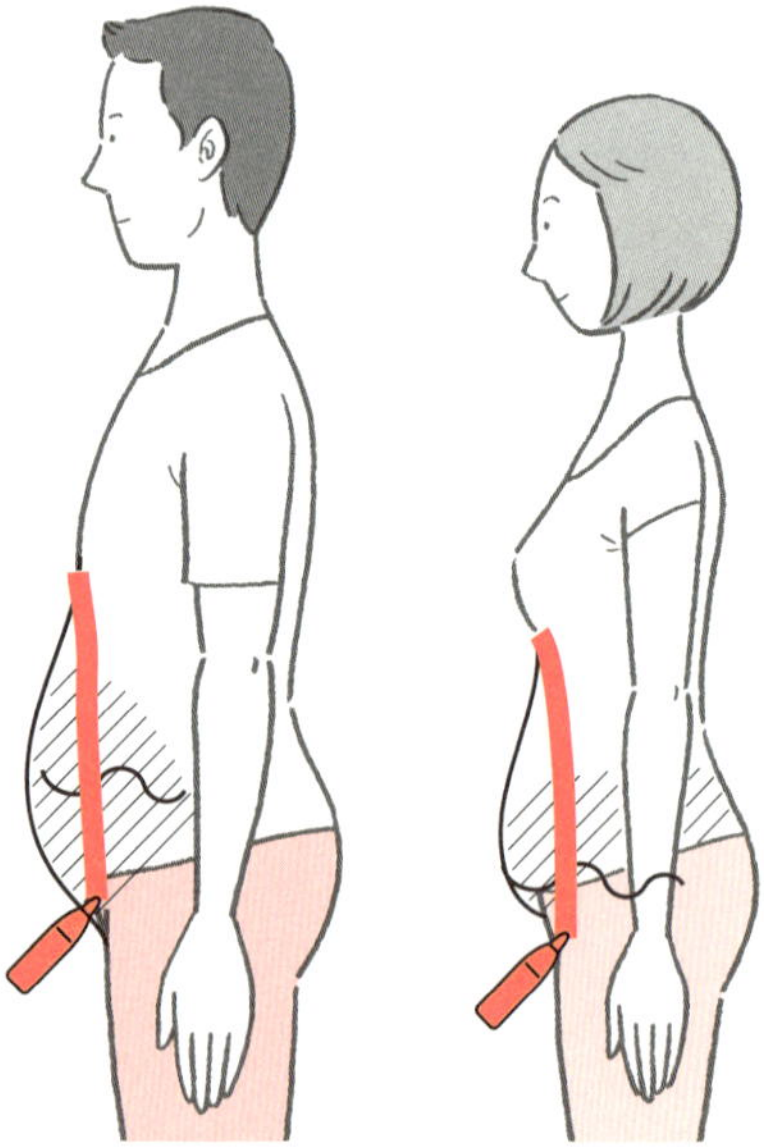

お腹全体を凹ませて、たるまない程度に脂肪を落とす。

下腹を中心にお腹を凹ませて、下腹の脂肪を落とす。

さて、ここまで比較的多いパターンのお腹で紹介・解説いたしました。**実際には人によって**、出っ張り加減をはじめ、気になる箇所や脂肪の量などお腹の状態、そしてゴールとするお腹も**違っています**。

本書では、基本的なお腹の引っ込め方を紹介しますが、お腹の状態に応じて、ご自分に必要なことを選べる流れになっています。ですから適切なアプローチに迷いなく進むためにも、次ページでご自分のお腹の状態とゴールを書き込んで「お腹分析」しておくことをおすすめします。

書き込む際には、**ゴールとするライン以外は鉛筆で記入**すると、途中で線を書き換えて作戦を立て直す楽しみもあるかと思います。たとえば、「お腹は凹んだものの、そうなると腰周りが気になってきた」とか、「お腹を全体的に凹ませるつもりだったが、下腹だけいまひとつ凹んでこない」といった場合は、**現在のお腹の線を書き換えてください**。

客観的にお腹の状態を分析し、アプローチを見直すことで**ゴールへの道のりはよりスムーズ**になるはずです。

[女性用]

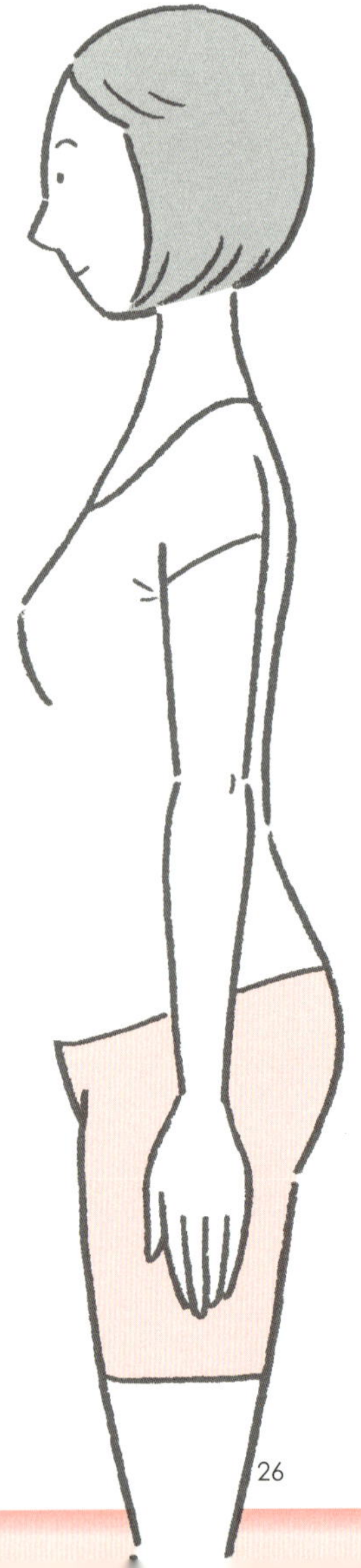

書き込んでみましょう

① 出っ張り具合
② 脂肪の量
③ たるみ
④ 目指すゴール

20〜25ページを
参考にしてください。

[男性用]

ターゲットである場所は使えているか?

ウエストがゴムの洋服ばかり着るようになった女性のお腹が、食生活は変わらないのにみるみる太くなることがあります。お腹が出る本質的な原因は、**お腹を引っ込めるための筋肉を「使えていない」または「使っていない」**からなのです。筋肉はゴムのように伸び縮みしますが、普段から筋肉を縮ませないでいると、**お腹周りを締めておく力が弱くなり、結果としてお腹が出ます**。加齢や、お腹を引っ込めることのない生活習慣によって、その力は衰えていくのです。

内臓を除き、人間の筋肉は基本的に自分の意思で動かせるようにできているのですが、あなたのお腹の筋肉はどうでしょうか。

取り急ぎ、**ターゲットとなる場所を自分の意思で動かせるかどうか**を、チェックしてみてください。

鏡を見ながら行うのがベストですが、今、鏡の前でお腹を出すことが難しい場合は、あなたのターゲットである場所を**触りながら、できるだけ大きくお腹を引っ込めて**みます。引っ込む手ごたえがしっかりあって、お腹が動くのがはっきりわかれば、おめでとうございます。とりあえず「使えている」と考えてOKです。

引っ込めているつもりなのだけれど、力が入らない、ほとんど動かないとしたら、**「使えていない」**、**つまり、自分の意思でコントロールができていない**と考えられます。

常日ごろ収縮させていないことでゴム状の筋肉がゆるみ、その結果お腹が出て、**「使っていない」ために周辺に脂肪がたまっている**のです。お腹を懸命に凹ませようとしても、下腹があまり凹まない、ピクリとも動かない、ということは、やせているのに下腹だけぽっこりと出ている人には、よくあることです。

私の知る限りほぼ例外なく、**お腹の動きがよくない場所ほどお腹が出て脂肪がついている**ものなのですが、あなたのお腹はどうだったでしょうか。

筋肉を知らずんば、腹は凹まず

お腹を引っ込める動作が、なぜ他のどんな運動よりも効率よく成果を出せるのかを筋肉構造の側面から解説します。とくに筋肉に興味のない方は、ここは飛ばして36ページに進んでも大丈夫です。

お腹を引っ込める動作で、主動筋（おもに働く筋肉）となるのは「腹横筋《ふくおうきん》」という筋肉です。この**腹横筋を鍛えるとお腹が凹む効果を最短で実感できる**理由は、腹横筋の位置、筋肉の形、そして、筋繊維の向きにあります。

まず、腹横筋の位置ですが、腹横筋は、腹筋群の中でもっとも内層にある、いわゆる**インナーマッスル**です。お腹のいちばん内側で内臓を支えて押さえ込む働きをしています。

次に、その形ですが、**腹巻きのようにお腹周りをぐるりと取り囲んで**います。ですから、この腹横筋がゆるんでいるか、締まっているかが、ダイレクトにお腹の出具合を左右しているのです。

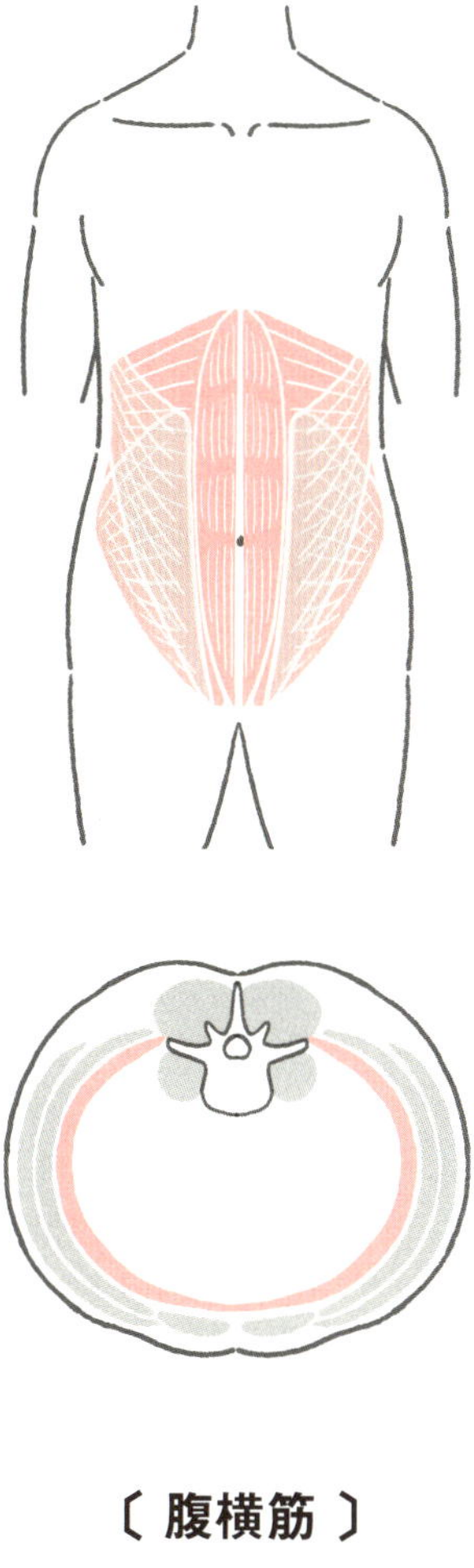

〔 腹横筋 〕

最後に、筋繊維の向きですが、腹横筋の筋繊維の向きは横です。筋繊維の向きが横であるということは、腹巻きと同じく横方向に伸縮する、ということです。**腹横筋は、お腹を引っ込めることでしか集中的に鍛えることができません。**

お腹が凹む運動として人気があるのは、ヨガやピラティス、体幹トレーニングですが、どれも大なり小なりお腹を引っ込める動きを伴っています。私の「お腹やせ講座」では、立った状態で正しいお腹の引っ込め方に集中して練習するので、受講直後に19cmもウエストサイズが細くなった人もいます。いっぽう、お腹を引っ込めない運動では、どんなに長時間、また長期間行ってもお腹はなかなか凹まないはずです。腹横筋はお腹を引っ込める動きにおいての主動筋であり、凹んだお腹になるために鍛えるべき筋肉の主役なのです。

さて、一般的な腹筋運動で主動筋となるのは、「腹直筋《ふくちょくきん》」です。

腹直筋の筋繊維の向きはたてで、上半身を前に丸めたり、寝ている状態から起き上がるなどの動作で主動筋として働き、重力に抗して姿勢をに保つときには共同筋として働いています。

腹筋運動は、横に割れた腹筋を目指す人にはもっとも効果的な運動です。でも、内側で内臓を支える腹横筋が伸びてたるんだままでは、いくらハードな腹筋運動で腹直筋を鍛えても、お腹のサイズは変わりません。

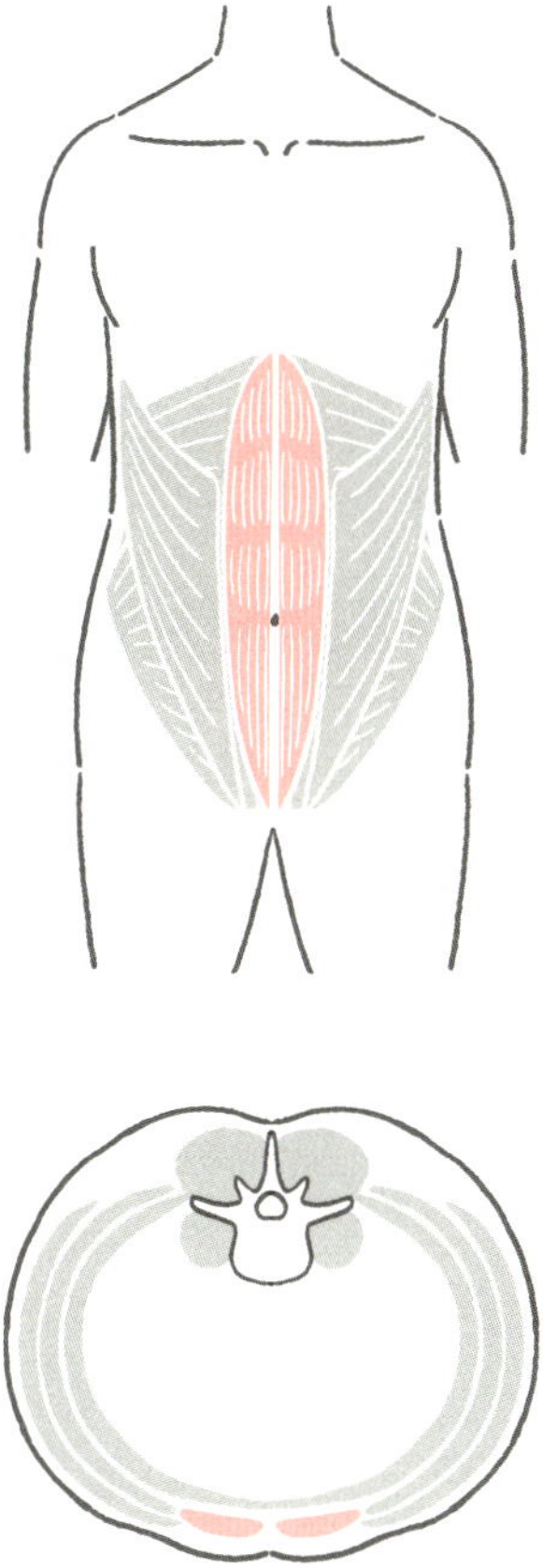

〔腹直筋〕

「腹斜筋《ふくしゃきん》」は、筋繊維の向きが斜め方向で、おもに体をねじる動作で主動筋となり、お腹を絞るように凹ませる動作では共同筋として働きます。

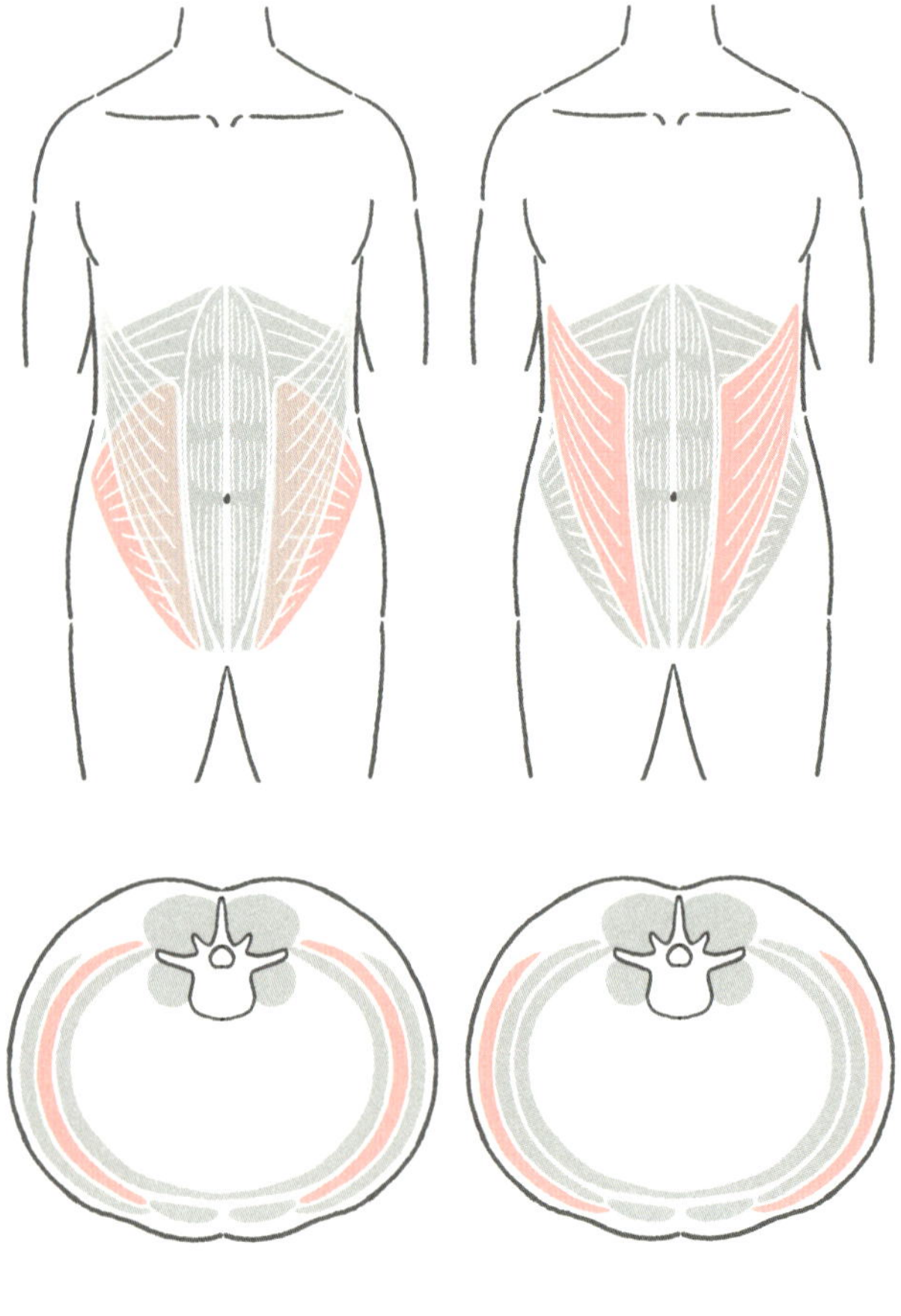

〔 内腹斜筋 〕　〔 外腹斜筋 〕

人はさまざまな動作で、必要に応じて腹筋群と背筋群で力を出し合っているのですが、**普段の生活のなかで使っていなければ、加齢とともに衰えていくのは自然の摂理**です。だからこそ、意識して「お腹を引っ込める」力を高める必要があるのです。**ゴムが伸びてしまってゆるんだ腹巻き**を再生、いえ、**幅広のゴムバンドに交換**するイメージを持って取り組みましょう。

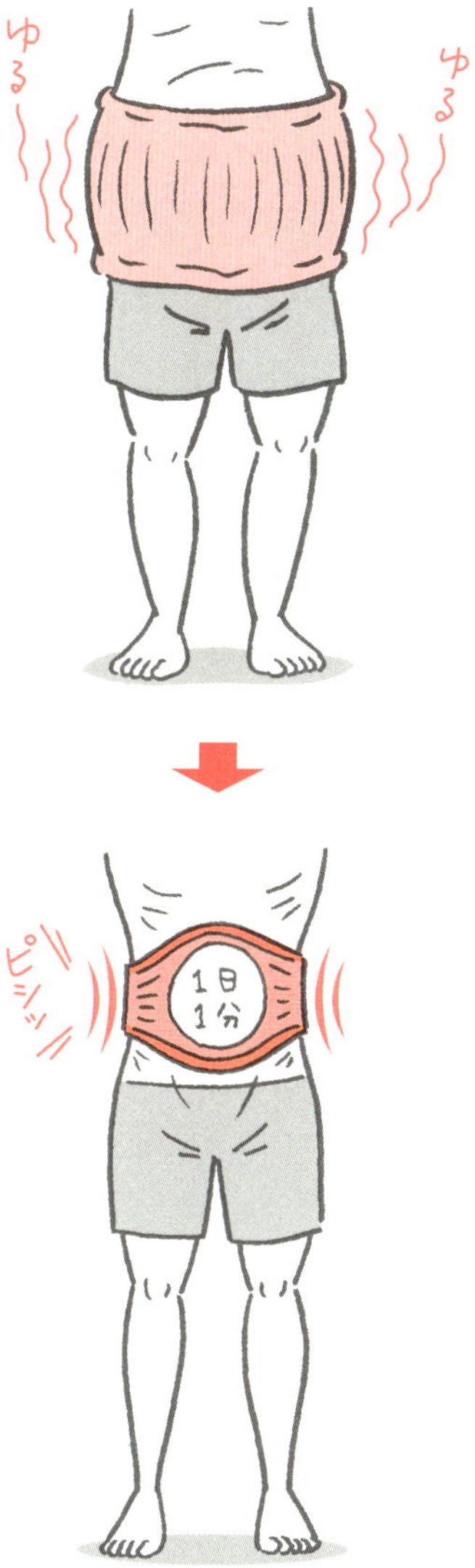

筋トレ嫌いでも実感した、「筋肉は裏切らない」理由

お腹の見た目を凹ませてサイズを細くするには、**「より強く」お腹を引っ込める動作**が最適です。

鏡に映しながら、お腹をできるだけ大きく引っ込めると、お腹の見た目の印象がかなり変わることがわかります。**体重を1gたりとも減らさなくても、筋肉の力によって、見た目に凹んだお腹になることは可能**なのです。

「いや、それは意識して凹ませているから、一時的に凹んでいるだけでしょ」

それはその通りなのですが、**ともかくは凹ませることに大きな意味**があるのです。ハードな筋トレで二の腕が太くなるように、柔軟ストレッチをはじめたら体が柔らかくなっていくように、筋肉は使っているなりに太くなったり、柔らかくなったり、引き締まったりと、その**あり方が変わっていきます**。

筋トレを好きな人がよく「筋肉は裏切らない」と言いますが、確かにその通りなのです。お腹を引っ込めるのは立派な「筋肉の収縮活動」で、凹んだお腹をつくる最適な筋トレです。お腹を凹ませる筋力を高め、繰り返すことで、**故意に引っ込めなくても凹んでいるお腹**になっていきます。

お腹周りのサイズを短期間のうちに落とすには、筋肉が**使ったなりに形状記憶するという**特性を最大限に活用すればいいわけです。

お腹を大きく引っ込めて**腹横筋を中心に筋力**をつけながら、お腹を**凹んだ状態にくせづけ**することで、お腹を**最短ルートでサイズダウン**させる。これが本書のメソッドの基本的な手法となっています。

全力でお腹を引っ込めても、見た目が**自分の目指すゴールに届かないなら、脂肪を落とす必要**があります。お腹の見た目を凹ませる目的と、お腹の脂肪を落とす目的では、効果的なアプローチが違います。

見た目を変えたい場合は「より強く」引っ込めるのが効果的なのですが、さらに**脂肪を減らす場合は、「より長く」**引っ込めるのが効果的です。お腹を「長く」引っ込めて消費カロリーを増やすことで、使っている筋肉周辺の脂肪が燃えるのです。

左のグラフをご覧ください。上が私、下が協力してくださったAさん（64歳女性）のグラフです。まったく同じ速さで歩いたとき、無意識で歩くのにくらべ、背すじを伸ばしてお腹を引っ込めて歩くだけで、**消費カロリーが約40％も増える**ことが確認されています（科学的な呼気分析で測定）。

1kgの脂肪を燃やすのにかかる時間を試算すると、お腹を引っ込めて歩く（時速4・7km）場合は約20時間です。**毎日1時間行った場合は、約20日で脂肪が1kg減る計算です**（体重70kgの場合）。

エネルギー消費量変化グラフ（植森）

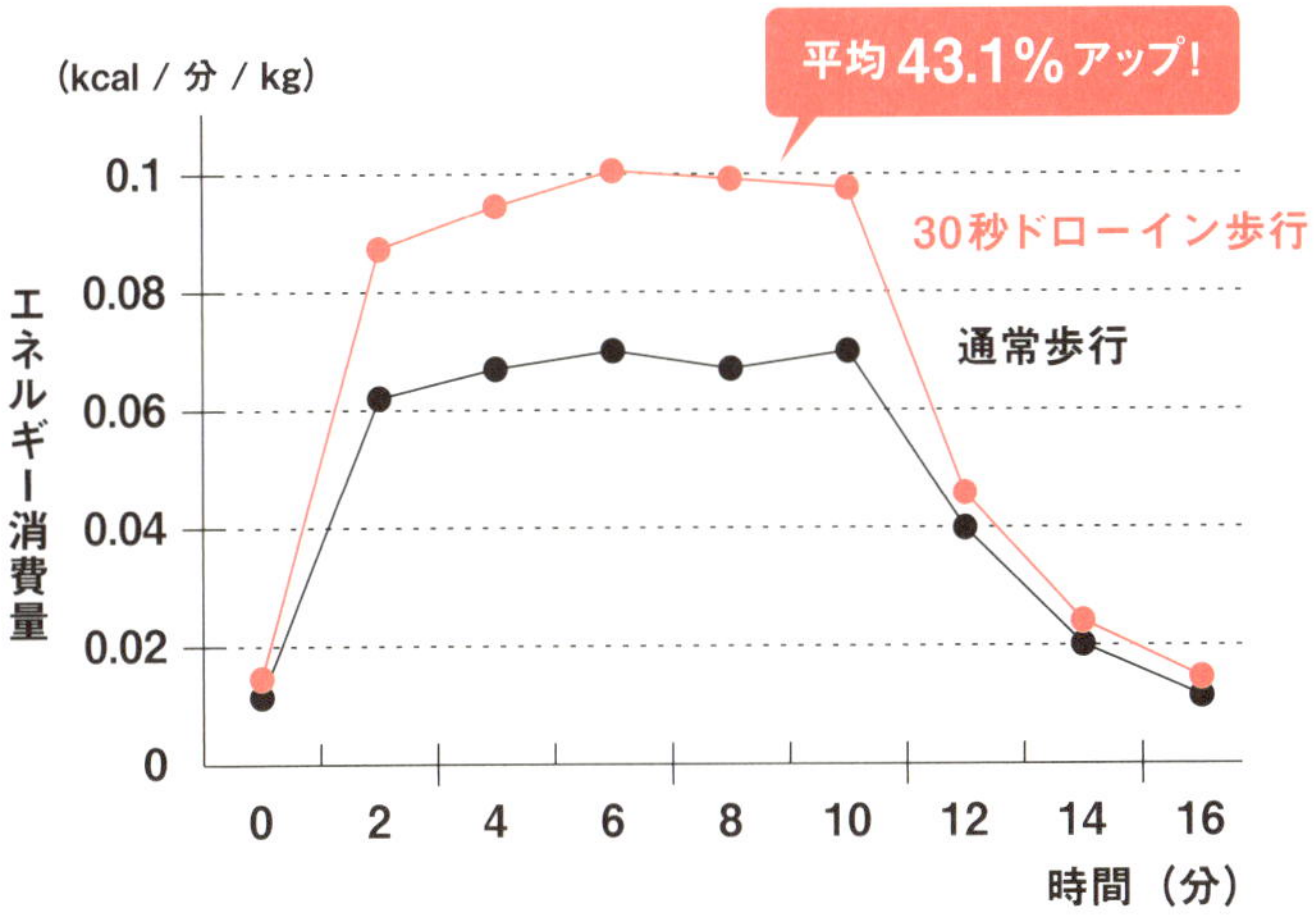

エネルギー消費量変化グラフ（Aさん）

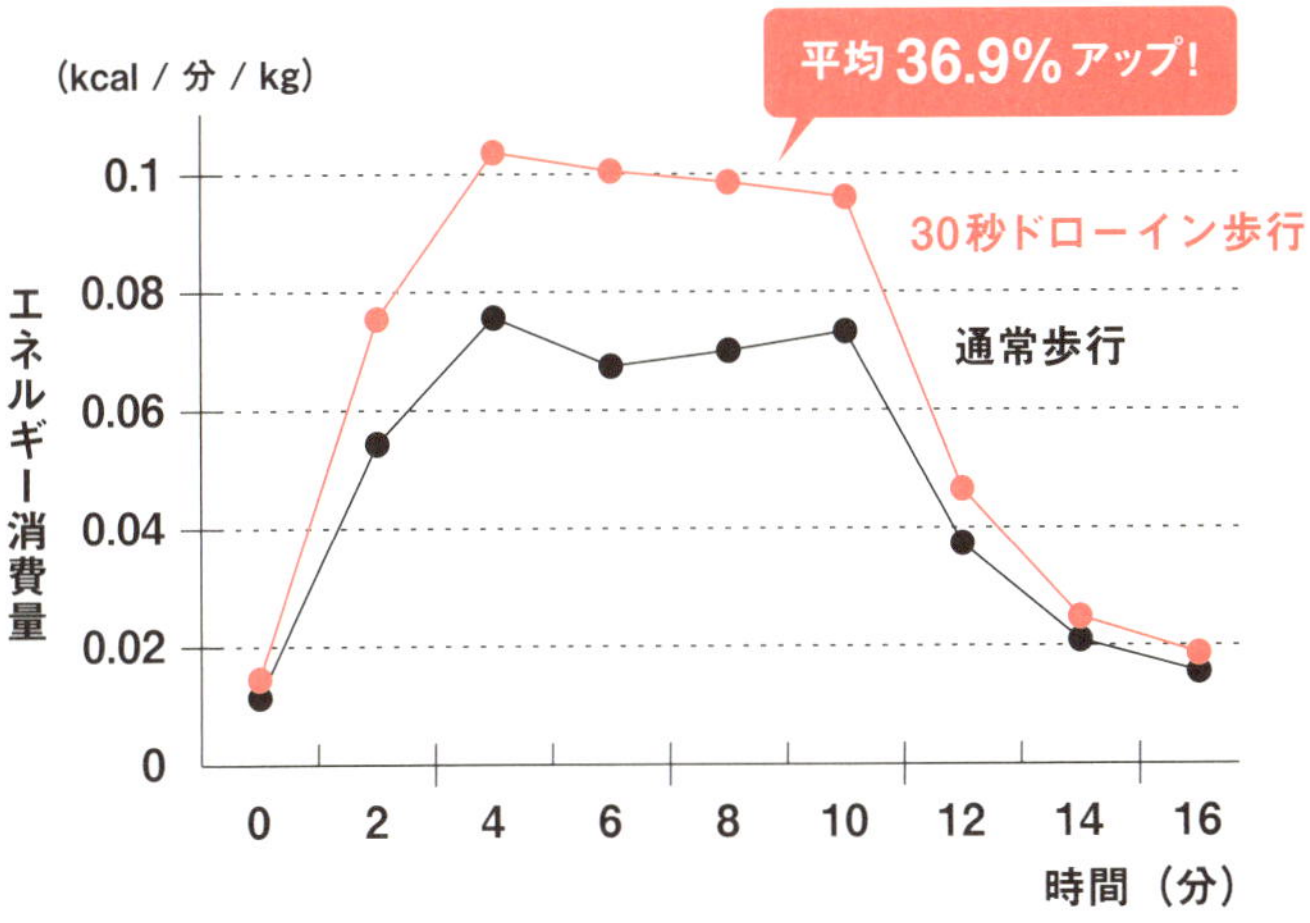

データ協力：国立健康・栄養研究所　特別研究員 谷本道哉氏（当時）

話をジョギング（時速6・4km）に置き換えてみると、1kgの脂肪を燃やすのにかかる時間は、約17時間です。**毎日1時間のジョギングで約17日**かかるわけですが、お腹を引っ込めて歩くほうが、お手軽だと思いませんか？

ちなみに、ヨガの場合は約40時間です。**毎日1時間のヨガで約40日**が必要ということです。室内で手軽にできる運動ではありますが、日々忙しいなかで続けるには強い意思が必要でしょう。

そのような運動とくらべると、お腹を引っ込めるだけというのは、**時間も場所も、さらにお金もかからず、格段に続けやすい**と思います。意外に思われますが、私は筋トレが好きではないので、筋トレによるダイエットはつらくて何度も挫折しました。そんな私でも、お腹を引っ込めるというこの方法だけは、なんの苦もなく**30年近くも続けられています**。

お腹を長く引っ込めておくことで消費できるエネルギーは本当にあなどれません。近畿大学の谷本道哉准教授に依頼し、お腹を引っ込める生活で1日にどの程度の消費エネルギーがあるかを試算していただいたところ、外出時に約1時間、家事をしながら約1時間程度お腹を引っ込めていたら、おなかを引っ込めないのとくらべて、135キロカロリーも多く消費していることがわかりました［『植森式 美へそドローイン早わかりBOOK』（グラフ社）より］。これは軽めのジョギング（6・4km／時）30分以上の消費エネルギーに匹敵します。

長く引っ込めるのが難しい場合には、**短時間を何度かというように、こまめに引っ込めて消費エネルギーをかせぐのでもOK**です。使っていなかった筋肉を、目的にふさわしい形で使うことが肝心です。

脂肪を燃やすのにはどうしてもある程度の時間がかかります。ですから、まずは1日1分を基本に「より大きく」引っ込めて使っていなかった筋肉を締めることで、ともかくは見た目のお腹を凹ませます。お腹のサイズが落ちなくなったら、そこからさらなるサイズダウンを狙うのか、「より長く」引っ込めて脂肪を燃やす方向にシフトチェンジするのか、ご自分のお腹の状態にあわせてアプローチを変えてください。

2章では、短期間に成果を出すための極意となる、正しいお腹の引っ込め方を紹介し、あなたの筋肉のコントロールが効いているかのチェックをしていきます。

まとめ

▼お腹が出っ張る、脂肪がつくのは、お腹を引っ込めない習慣から

▼自分のお腹のターゲットとなる部分を明確にする

▼凹んだお腹になるには、腹横筋を鍛えるのが合理的で速い

▼見た目重視なら「強く」、脂肪を減らす目的なら「長く」引っ込める

2章

「即効！サイズダウン」を実感せよ

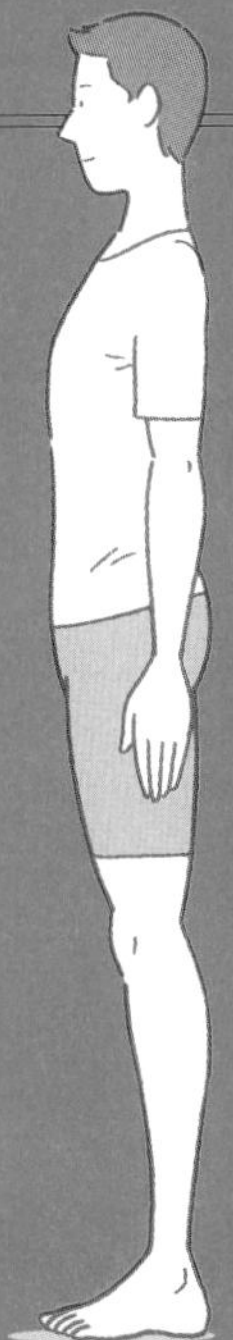

最短で腹が凹む植森式ダイエットドローインとは？

ここまで、お腹を引っ込める動作がいかに有効かをお伝えしてきました。そこで、みなさんに質問です。みなさんはドローインという言葉を聞いたことがありますか？じつは、私がおすすめしているお腹を引っ込める動作は、**ドローインと呼ばれる運動の一種なのです**。

ドローインという言葉は、元来は、理学療法の専門用語です。はじめてこの言葉が使われたのは、1997年にオーストラリアで発表された、腰痛の運動療法に関する論文だといわれています。論文でお腹を引っ込める動きを「draw in」(内側に引っ張る、いわば引き寄せるという意味）と表現したことをきっかけに、「ドローイン」という、いわば造語が用いられるようになりました。

現在、ドローインはおもに病院でのリハビリやスポーツ分野、ダイエット目的で行われるようになりましたが、ドローインという概念を日本ではじめて紹介したのは、拙著『30秒ドローイン！　腹を凹ます最強メソッド』（高橋書店）で、２００９年のことでした。同じドローインでも、こちらは私が20代のときから改良を重ねた、**お腹を凹ますダイエット目的の運動がベースになっている**ので、理学療法で行われているやり方とは異なっています。

ドローインは、**効果的なお腹の引っ込め方が目的によって異なります**。本書で紹介するのは、**凹んだお腹になるため**の、植森式ダイエットドローインです。

植森式ダイエットドローインでは、「お腹をできるだけ大きく引っ込める」のが基本となりますが、単に大きく引っ込めればよいかというと、そうではありません。**より効率的に結果を出す**ためには、このあとお伝えするNG事項に気をつけるのがポイントです。なぜそのように行うかの根拠を理解することが、大きな成果につながります。慣れるまでは、**できるだけ鏡の前で確認**しながら行っていただくのが理想です。

1日1分で腹が凹む植森式【基本のダイエットドローイン】

ここでは、1日1分でお腹を凹ますために、筋トレ効果を追求した基本のドローインを紹介します。1回30秒で、お腹が凹むのに必要な筋肉をきっちり刺激します。この動きを1日2回行うのが、本書の基本メソッドです。

【基本のダイエットドローイン】

①　背すじを伸ばし、後頭部とかかとをつけて、壁際に立つ。
②　肩を引いて、肩の後ろを壁につけ、10秒かけてお腹を大きく引っ込める。
③　凹んだお腹を、壁に押しつけるように、さらに10秒お腹を引っ込める。
④　最後の10秒で、限界を超えるくらいの意識で、最大にお腹を引っ込める。

ポイント
慣れてきたらターゲット箇所を中心に意識して引っ込める。

参考動画
※動画を見なくてもできます

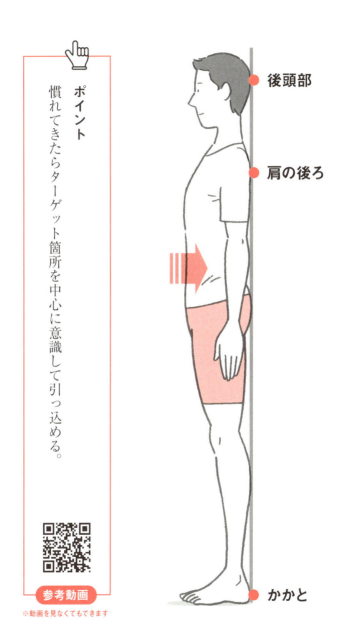

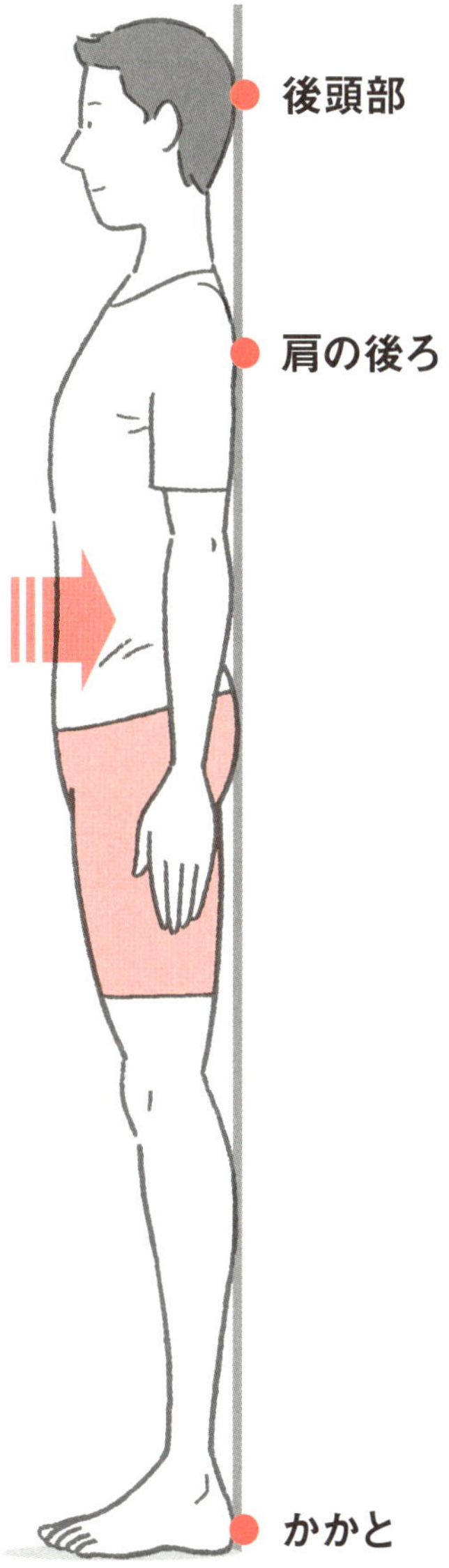

いかがですか？　限界を超えてお腹を引っ込めることはできたでしょうか。
慣れると壁なしでも行えますが、確実に最短で結果を出していただくために、気をつけるべきポイントをお伝えします。

【引っ込め方のチェックポイント】

いくら大きく引っ込められても、**筋肉を形状記憶させたい形に正しく使えていないと、効果は半減**します。これはたいへんもったいないことです。次に挙げる引っ込め方は、私が長年の指導のなかで、効果が出なかった人の引っ込め方から集約したNGパターンです。やってしまっていないか、チェックしてみてください。

NGチェック！

- □ **息を止めている**
- □ **肩や肋骨が上がっている**
- □ **頭、肩、背中が壁から離れている**
- □ **顔に力が入っている**
- □ **肋骨が開いている**

これらは、無意識にしてしまう、よくある間違いなので、鏡を見ながら、正しくできているかのチェックを必ず行うことをおすすめします。最初は難しく感じるかもしれませんが、**行っているうちにコツがつかめてきます**。

息を止めていた人は――。

お腹を大きく引っ込めようとするほど、思わず息が止まってしまうのは、とても多いパターン。でも、息を止めて引っ込めるのは、お腹の力ではなく、横隔膜などの呼吸筋の動きに頼った引っ込め方です。また、息を止めないとお腹が引っ込められないようでは、普段の生活のなかで行うのに困ります。息を吸わないと引っ込められない、息を吐かないと引っ込められない、と言う人もいますが、ここはひとつ、**呼吸に頼らずとも筋肉をコントロール**できるようになってください。

息を止めないコツ

数を数えながら、人と話をしながら、歌を歌いながらなど、「○○しながら」苦しくない程度に大きく引っ込める練習をします。

肩や肋骨が上がっていた人は——。

お腹周りの筋肉を使えていない場合、大きく引っ込めようとすればするほど**肩に力が入り、肩や肋骨を上げたりしてしまいがち**です。でも、この引っ込め方では、肩の力を抜くとお腹の力が抜けてしまうはずです。

また、自分では力んでいるつもりはなくても、はた目から見ると「どうかした？」と違和感があることがよくあります。肩に力が入ってしまっていると、肩が凝ってしまうので気をつけてください。

参考動画

※動画を見なくてもできます

肩や肋骨を上げないコツ

鏡を見ながら練習します。どうしても力が入ってしまう人は、肩を下げた状態で、体の後ろで手を組み、その手をお尻のあたりで固定した状態で、お腹を引っ込めてみてください。

参考動画

※動画を見なくてもできます

頭、肩、背中が壁から離れていた人は——。

頭や肩、背中がわずかでも壁から離れるのは、背中の力が弱い状態です。基本のポジションで、肩の後ろを壁につけるのに少しでも難しさを感じる人も同様です。背中を丸めるとお腹は引っ込めやすくなりますが、筋トレ効果は半減します。また、丸まった背中も形状記憶させたくはありません。お腹を大きく引っ込めることに懸命になって、**体が前傾しないように**気をつけてください。

頭、肩、背中が壁から離れないコツ

正面を向いたまま、後頭部、肩の後ろ、かかとを壁につけて立つことから始めます。できるようになってきたら、お腹を大きく引っ込めるようにしていきます。

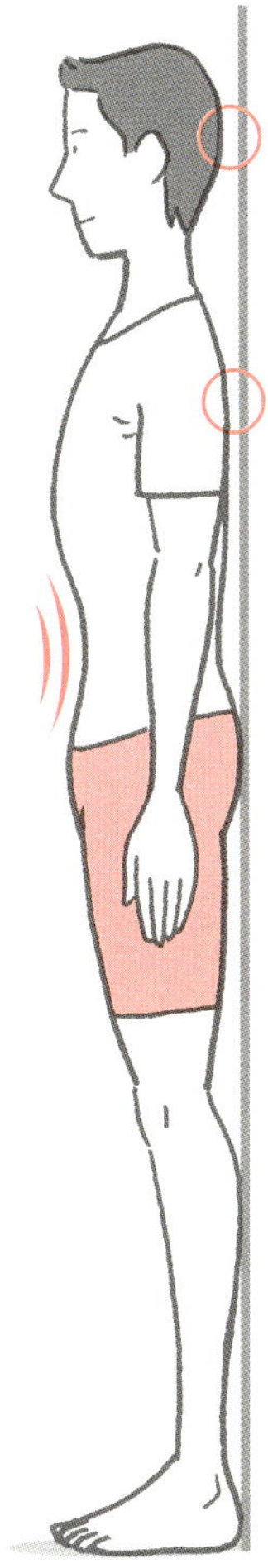

顔に力が入っていた人は――。

顔に力が入ってしまうのは、肩をはじめ、体全体が力んで余計な力が入るからです。ゴルフでも顔が力んでいたら飛距離が伸びません。**力を入れるところと抜くところの使い分け**をすることが、すなわち**筋肉をコントロール**するということです。顔なんて関係ないだろうと思いがちですが、意外と重要なのです。

お腹を引っ込めているときに顔に力が入っていると、はた目にも怪しい感じで困りますよね。**お腹周りの筋肉だけを収縮させる**ように、意識してください。

顔に力が入らないコツ

涼しい顔で引っ込められるように、歯磨きのときにでも、鏡を見ながら練習してください。また、夜の電車の中で行うのもおすすめです。顔が車窓に映り、人目もあるので、練習にちょうどいいです。

肋骨が開いていた人は――。

お腹を引っ込めようとすると、肋骨が開いてしまうのも、**横隔膜などの呼吸筋に頼った引っ込め方**です。肋骨を開くことで上半身が壁から離れてしまいやすい傾向もあります。お腹の上部が出ている人に多いようです。横隔膜は平滑筋《へいかつきん》といって内臓と同じ構造の筋肉で形状記憶はさせられません。横隔膜を上下動させてどんなに大きく引っ込めても、お腹はなかなか凹まないのです。

肋骨が開かないコツ

両手で外側から内側に自分の肋骨を抑え込みながら引っ込めてみてください。このとき、背中は丸めないように注意です。うまくできない人は、82ページを参考にしてください。

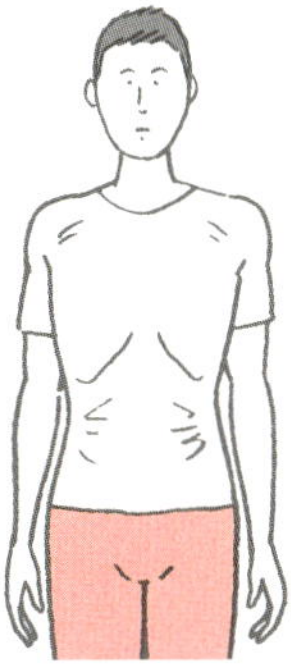
肋骨が開く⇒胸を開いて前に突き出している

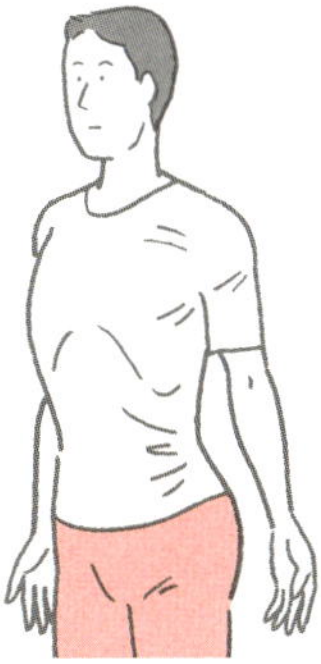
肋骨が上がる⇒肋骨が上に持ち上がっている

参考動画

※動画を見なくてもできます

あなたの現在のドローイン力はどのくらい？

ここでは、正しい引っ込め方で、あなたのお腹をどのくらい大きく引っ込められるかの筋力＝ドローイン力をチェックしてみます。

自分ではすごく引っ込めているつもりでも、実際にはあまり凹んでいない、ということは、悲しいかな多々あります。自分のお腹を引っ込める筋力が強いか弱いか、**現在の力を客観的な数値として確認**しておくことが大切です。

いくら大きく引っ込めても、48ページで紹介した「NGチェック！」の状態におちいっていては正確な力が測れないので、気をつけながら行ってください。

まず、お腹周りのサイズを測定します。測定する箇所は、メタボ健診と同様、**「へ**

その位置」で測ります。自分が細くしたい場所を測る場合でも、**「へそから人差し指○本分下」**など、へそを目印にしておくと、後で同じ位置を測りたいときに便利です。

【ドローインカチェック】

●用意するもの／メジャー（なければ150cm程度のひもとサインペン）

①お腹の力を自然に抜いた状態で、メジャーでへその位置のサイズを測ります。ひもを使う場合は、ひもの片端を玉結びし、その玉部分をメジャーでゼロとして、ひもと玉の交わる位置に印をつけます。現在のいちばん太い状態を測っていることになります。

②前述したNGポイントに気をつけて最大限にお腹を引っ込めたら、サイズを測ります。ひもを使っている場合は、ペンでひもに印をつけます。現在のいちばん細い状態を測っています。

③①と②の差が、現在のあなたのドローイン力です。次のページにサイズ記入表をご用意しましたので、記入しておくことをおすすめします。

＼ 現在のサイズを記入しておこう! ／

①お腹の力を抜いた状態 （現在のいちばん太い状態）

□□□.□cm

②お腹を引っ込めた状態 （現在のいちばん細い状態）

□□□.□cm

①－②＝③

③現在のドローン力

□□.□cm

ドローイン力判定チェック！

□ 0〜4㎝未満…弱い！
□ 4〜7㎝未満…まあまあ！
□ 7㎝以上…OK！

判定の考え方ですが、相対評価ではなく**絶対評価**として参考にしてください。

もとのお腹のサイズが100㎝の人と70㎝の人では、100㎝の人のほうが判定上は有利になりますが、このチェックは**人とくらべるものではありません**。変えるのは他ならぬ自分のお腹です。現在のお腹をさらに凹ませるためには、OK判定だった人も、より大きく**引っ込める力をつける必要がある**とお考えください。

なお、へその位置での測定は、測りやすさなどの点でおすすめですが、あなたがとくに凹ませたいと考えている（ターゲットとしている）位置のドローイン力は、それより弱い可能性が高いです。よかったら何か所か測って、くらべてみてください。

目標、30秒で5㎝！【即効 サイズダウンチャレンジ】

腹筋運動に励んでもお腹が凹む効果はなかなか実感できませんが、植森式ダイエットドローインなら、**その場でその効果の高さを実感できます**。まず、30秒のエクササイズで、どのくらいサイズダウンするか、試してみてください。

植森式ダイエットドローインの【基本のダイエットドローイン】では、立った状態で引っ込めているので強制的な負荷はかけていませんが、ここではお腹を下にした状態で**ご自身の体の重み、自重負荷を利用します**。

引っ込めているときの注意事項は、48ページの「NGチェック！」と共通です。

この【即効 サイズダウンチャレンジ】を、テレビ番組『SmaSTATION‼』

に出演したときに紹介したところ、とても**大きな反響を呼んだ**そうです。テレビを見ながら行って、**その場でウエストが細くなった**人たちから**問い合わせが殺到**して、女性向けに発売していた「お腹やせ」の本の売れ行きが、一気に伸びたということがありました。

ふだんお腹をゆるませっぱなしだった人や、テレビの映像をよく見て上手に筋肉を使えた人は、**たった30秒でも一気にウエストが細くなった**のだと思います。

1回だけでは一時的な形状記憶にすぎませんが、どんな運動よりも早く効果を実感できることを体感していただければと思います。

注意点

腰に不安がある人は無理をしないように気をつけてください。とくに46ページの【基本のダイエットドローイン】で大きく引っ込めようとするだけで腰に響く状態のときは、このチャレンジは厳禁です。

【即効 サイズダウンチャレンジ】の行い方

●用意するもの／メジャー（なければ１５０cm程度のひもとサインペン）

① 最初に立ったままお腹のサイズを測る（または、ひもに印をつける）。

② 最大限にお腹を引っ込めた状態に合わせて、お腹にひもかメジャーをジャストフィットで巻いて結ぶ（あとではずすのでリボン結びにすること）。

①

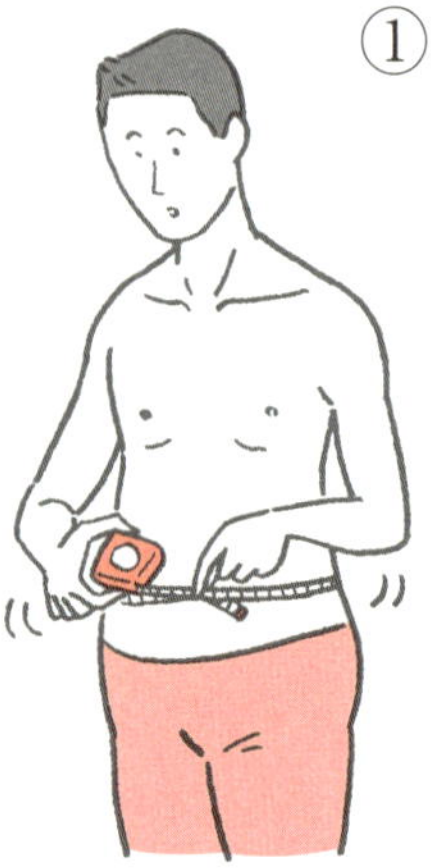

②

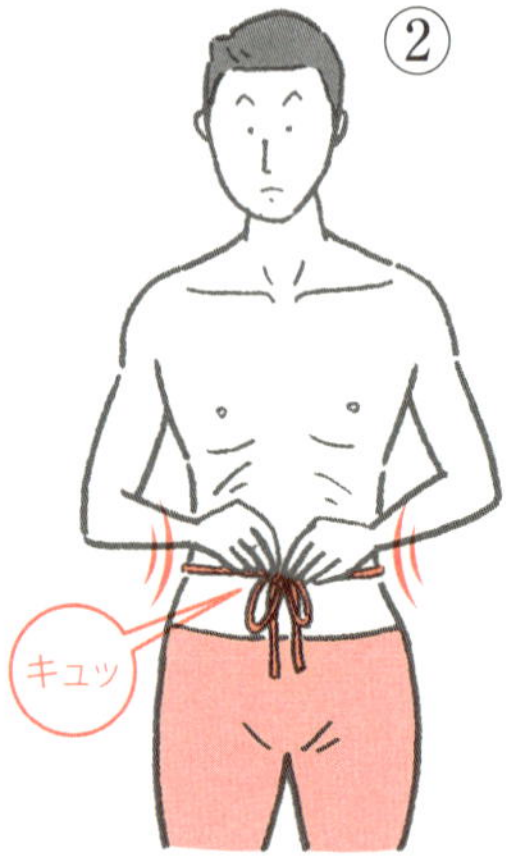

③ イラストのポジションでお腹をひもやメジャーをたるませてゆるくするつもりで10秒ごとにより大きく引っ込める。

④ 立ち上がって、ひもかメジャーをはずし、再度お腹のサイズを測る。

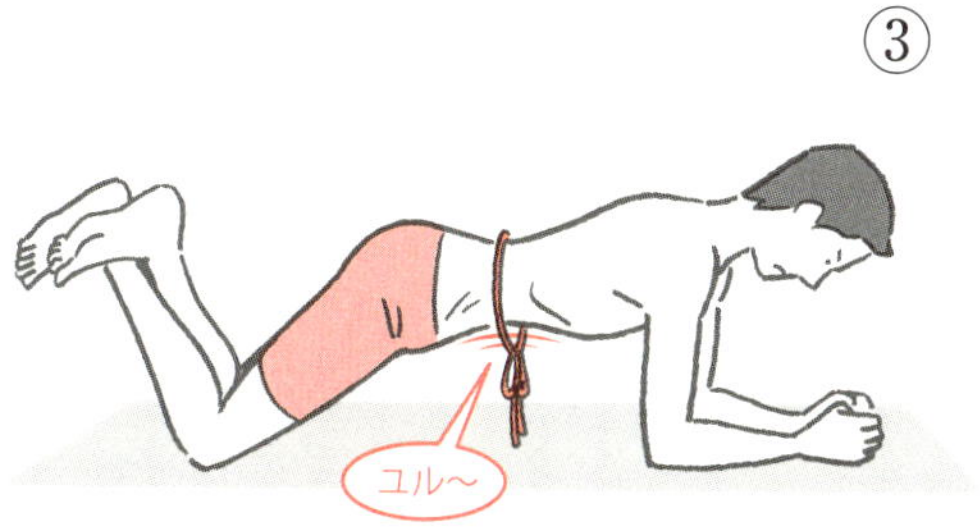

あなたのお腹はいかがでしたか？　サイズが落ちなかった人は、お腹を引っ込めているつもりでもあまり凹んでいなかった（ドローイン力が弱い）か、NGな引っ込め方になっていた可能性が高いです。【基本のダイエットドローイン】で正しく大きく引っ込められるようになったら、また試してみてください。

サイズは落ちたけど、かなりつらかった、という人もいるかもしれません。たしかにこれはきつめのエクササイズです。

でも、安心してください。このようなきつめのエクササイズを行わなくても、**普段の生活で適切にお腹を引っ込めるだけでも成果を出すことができます**。

1日1分であっという間に腹が凹む

目的が変わると効果的なアプローチが変わります。

ゆるんだ腹巻きと化していた腹横筋が、幅広のゴムベルトのように引き締まれば、**体重を減らさなくてもお腹は凹みます**。

まずは最短でお腹を凹ませるために、【基本のダイエットドローイン】を「30秒×2回＝1日1分」行ってみてください。続けて2回行ってもいいですし、朝と夕方に30秒ずつといったように、できるときに行えばOKです。普段お腹を引っ込めることをしていなかった人ほど、**あっという間にお腹は凹んできます**。

さて、お腹は「お腹をより大きく引っ込める」という**刺激を与えることで締まって凹んでいきます**が、サイズが落ち続けることはありません。陸上選手の記録が無限に伸び続けないのと同じで、サイズが落ちなくなるときが必ず来ます。

サイズが落ち止まったとき、すでにゴールと決めていたお腹になっていれば、**現状維持を目的に続けてＯＫ**です。引っ込め方も、毎回限界まで引っ込める必要はありません。けれど、まだゴールに至っていない場合にはどうしたらよいか、考え方を解説しておきます。

凹まなくなったと思ったら、あなたのお腹が目標としているお腹になるために、見た目をもっと凹ませるのか、それとも脂肪を減らす必要があるのかを観察し、**刺激の仕方を変えましょう**。

体を変えるのは刺激です。**結果は刺激の「質×量」**で決まります。量をむやみに増やす前に、質を見直すのが基本です。目的に応じた「質と量の高め方」の方向性を理解し、「質」と「量」を見直しながら最終ゴールを目指してください。

お腹の見た目がさらに凹む方法

お腹の見た目を凹ませるには、凹ませたい箇所の筋力を中心に、お腹を引っ込める力をさらに高める必要があります。

まずは正しくドローインできているか、面倒でもいちど46ページに戻って、壁を使って再度チェックしてみてください。お腹の形は、筋力の強弱に左右されますので、**凹ませたい箇所をしっかり引っ込めることができているか**を、ごまかしの利かないポジションで、よく確認します。ターゲットとする箇所の動きが悪い場合には、3章を参照してください。

また、60ページの【即効 サイズダウンチャレンジ】で試したように、**自分の体の**

重みを負荷として利用するエクササイズに変えて行うことでも、刺激の質を高めることができます。同じ30秒でも、強制的に体重が負荷としてかかるため、立って行うよりさらに筋力を強くすることができるのです。

質を高めたら、次は量を増やすことを考えます。

基本のダイエットドローインでは**1回30秒**を基本としていますが、なぜかというと、10秒といった短い時間だと「息を止めてしまいやすい」「短い秒数で効かせることが難しい」「形状記憶効果が落ちる」という理由があるためです。

ですから、正しく引っ込められるようになったら30秒に固執する必要はなく、**時間はもっと短くしてもかまいません**。そのかわり、**こまめに行うこと**で、結果的に**形状記憶に有効な刺激の総量**が増えればよいとお考えください。

たくさん行う日と、行わない日があってもかまいません。隙間時間など、できるタイミングを見つけてお腹を引っ込める頻度を増やせるといいですね。質と量を見直していくことで、**出っ張ったお腹は必ず凹みます**。

お腹の脂肪が減る方法

お腹の見た目だけではなく、脂肪を減らすには、お腹を「長めに」または「こまめに」引っ込めることで**消費カロリーをかせぐ必要があります**。

まず「質」の高め方ですが、**【**基本のダイエットドローイン**】**で「ドローイン力」を強めます。そして、そのドローイン力を使って「長めに」「こまめに」引っ込めていくのが、近道になります。ドローイン力が弱いまま長めに引っ込めるのは、効率がよいとは言えないからです。

引っ込め方の質としては、中距離的に「やや強めに」「長めに」引っ込めるのでも、長距離的に「弱めに」「長く」引っ込めるのも、どちらもアリです。**あなたの性格や**

そのときどきのシチュエーション、気分によって、引っ込め具合を変えることをおすすめします。

たとえば、同じ1分行うのでも、前半の30秒で一気に追い込むように大きく引っ込めた後に続けて、後半の30秒も「より大きく」力を出すようにすると、刺激の質が上がります。また、**脂肪を減らしたいところをとくに意識しながら引っ込めるのも、刺激の質を高めることになります。**

次に量ですが、「長めに」「こまめに」引っ込めやすいシーンを見つけながら頻度を増やすのがおすすめです。お腹を凹ませる動きを日常生活に積極的に取り入れることは、NEAT（ニート）を増やすことにもつながります（※非運動性熱産生のこと。運動ではない、日常生活での活動で発生する熱量「Non Exercise Activity Thermogenesis」の頭文字を取り「NEAT」という）。

アメリカの医学的研究でも、**特別な運動をしなくても、**NEATを増やせば、**メタボや糖尿病を防ぐことができる**という論文が発表されました。

肥満者と非肥満者のNEATをくらべると、肥満者のほうが座って過ごす時間が2

時間半長かったとのこと。この時間を、肥満者が立位・歩行活動で過ごすと、350キロカロリーのエネルギー消費量が追加できるというのです。

アメリカ人と日本人では体格も食生活も違うので、そのままは当てはまらないとしても、39ページのデータが示すように、**お腹を引っ込めることで消費エネルギーを増やせる**ことは間違いありません。前述の研究のように、座っている時間を減らして立っている時間を増やすというのはハードルが高めですが、**お腹を凹ませることであれば、いつでもどこでも、座っていても行えます**。マイルやクレジットカードのポイントと同じで、**小さな積み重ね**が思いのほか大きいものになるのです。どんな運動でも、行っていくうちに体力がついたり技術が向上するように、1日1分を積み重ねていけば、お腹も、「長く」「大きく」楽に引っ込められるようになるのです。

食事制限では、お腹の脂肪を狙って減らすことはできませんし、脂肪はどんなにあせっても一気に減るものではないので、コツコツと燃やしていこうではありませんか。

コラム　ドローイン中の呼吸の落とし穴

「ドローイン＝呼吸法」と紹介されていることがありますが、それは間違いです。呼吸とともにお腹を引っ込めるのは、ドローインのひとつのバリエーションではありますが、イコールではありません。ダイエットドローインでは息を止めたり、呼吸を意識することをＮＧとしていますが、その理由はおもに3つあります。

まず、本来は無意識で行っている**呼吸を意識すると、筋肉への意識の優先順位が下がる**からです。たとえば、無意識に行っているまばたきを意識してゆっくり行おうとしたら、他のことを考えにくいでしょう。生活のなかでお腹の凹み具合をいちばんに意識して行うためには、呼吸を意識しないほうがいいのです。２つ目の理由は、筋肉の使い方が違うからです。呼吸をつけるとお腹をより大きく引っ込めることができますが、それは横隔膜や肋間筋などの呼吸筋に頼った引っ込め方なのです。３つ目の理由は、外でスーハースーハーとやるのは、見た目が怪しいからです。ちょっとした隙間時間などいつでもどこでも行えないのは、大きなデメリットと言えます。

まとめ

▼お腹を最短で凹ませるには、正しいポジションでお腹を凹ませる力を高めることが肝心

▼お腹の見た目を凹ませる
植森式ダイエットドローインの基本は
１回30秒×２回

▼サイズが落ちなくなった場合は、
自分の目的に応じて刺激の質と量を見直す

3章

ターゲットとする部位に効かせる

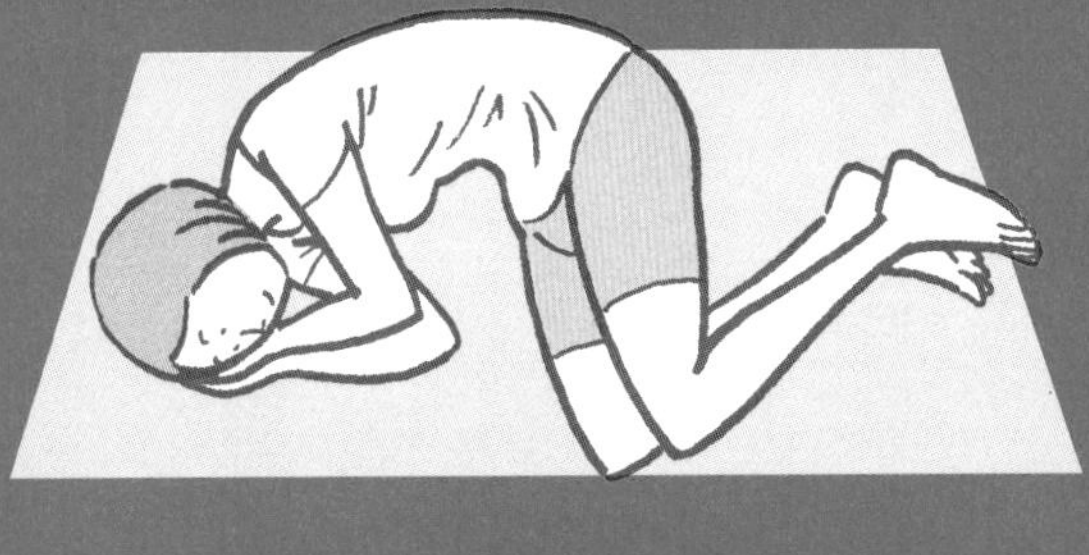

とくに凹ませたい部分の脳と筋肉の回路をつなぐ

3章では、お腹のなかでもとくにあなたがターゲットとする箇所のコントロールをよくするための手法を紹介します。

28ページの「ターゲットである場所は使えているか？」で、お腹の動きを確認しました。

動きの悪い箇所は、筋肉を使っていなかったせいで**脳と筋肉をつなぐ回路が途切れている、または途切れはじめている**、そんな状態と考えられます。お腹を引っ込められないままでは形状記憶のしようがありませんし、脂肪を狙って落とすこともできません。

この章では、引っ込める時間の長さはまったく気にせずに行ってみてください。脳と筋肉の回路を復活させて、自分の意思で自在に動かせるようになることを目的にします。

これまでの科学では「部分やせはできない」というのが定説ですが、**現実に起きていることを科学がすべて証明できているわけではありません。常識が覆る**こともよくあります。筋肉活動によって局所的な脂肪が使われている、つまり、**「部分やせは可能」であることを示唆するデータが複数とられるようになってきました。**部分やせが科学的に証明されるのも時間の問題でしょう。

「全身やせ」を目的とする場合には、食事の改善または全身を動かす有酸素系の運動が必要です。しかし「部分やせ」であれば、**わざわざ運動する時間もカロリー計算も不要**で、「全身やせ」よりずっと楽にできます。

これから紹介する手法は、あなたに必要なことだけ行って、狙う箇所のコントロールがしっかりと効くようになったら、やめてOKです。

この章はドローインの質を高めるための手法とお考えください。

原因と結果、そして対策

筋肉を使えるようになることは、出っ張ったお腹を凹ませるためにも、ターゲット箇所の脂肪を減らすためにも、必要不可欠です。ただし、ただ使えるようになるのではなく、**目的に即した使い方をできるようになること**が重要です。

お腹を引っ込めるというと、東洋医学などでいう「丹田《たんでん》に力を入れる」ことと混同されやすいのですが、違うのです。筋肉が固くなるということは、確かにそこを使ってはいるのですが、使い方が違っています。

参考動画

※動画を見なくてもできます

たとえば、こちらは下腹を鍛える筋トレです。腰が弱い人以外は試してみてください。

①足を上げて下腹に手を当てる。

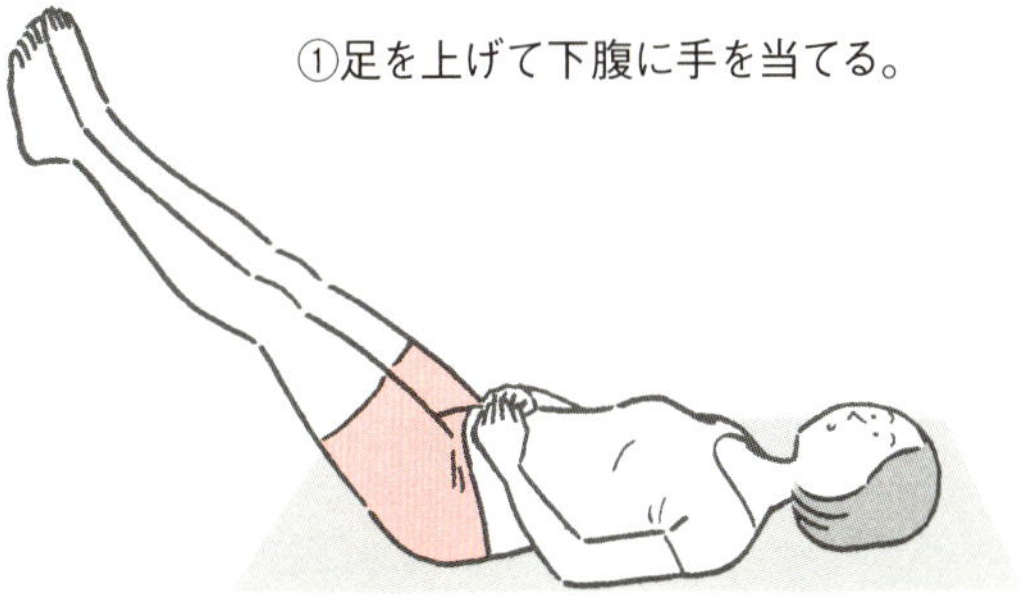

②足をゆっくり下げて床に近づける。

※このときお腹は固くなってはいるが、
形は盛り上がって凹んでいない。

どうですか？　足を上げ下げしているときに下腹を触ると、下腹が固くなり、盛り上がっているのがわかるでしょう。このとき下腹の筋肉を使ってはいるけれど、凹んだお腹になる筋肉の使い方ではないのです。凹んだお腹に形状記憶させるためには、**あくまで「引っ込める」ための筋肉の使い方で刺激**しなくてはなりません。

筋肉を刺激するというと筋トレをイメージしがちですが、**むしろ普段の生活における筋肉の使い方が、体型に影響を及ぼしている**のです。

以前、ある男性から「最近、猫背っぽくなって、お腹まで出てきちゃって。どうしたらいいですか？」と相談を受けたことがあります。

「最近」というからには理由があるはずで、よく聞けば、自転車通勤をはじめたとのこと。ママさん自転車ではなく、競輪選手が乗るようなスポーツタイプで、片道1時間近く乗っているということでした。

往復で1日約2時間も大きく背中を丸め、お腹はゆるめ続けていたわけですから、猫背っぽくなり、お腹が出てきたのも無理らしからぬ話なのです。ご本人も思い当たって合点がいったご様子でした。

自転車通勤は続けたいということなので、背中を大きく丸めずにすむようにサドルやハンドルの位置を調整し、お腹を引っ込めてこぐことを意識するようにしました。すると**驚くほどにお腹はみるみる凹み、あっという間に以前よりも凹んだ**そうです。

この方の場合、**望まない形での形状記憶に早めに気づき**、自転車の乗り方を変えることで**よい結果につながりました**。

けれど、普段無自覚なままに、望まぬ形での形状記憶をさせてしまっている人も珍しくないのです。

たとえば姿勢に問題があると、年とともに首にしわが増えます。しわの原因が姿勢の悪さにある場合、本来は効果的なはずのフェイスエクササイズを行っても、首のしわはなかなか改善しません。

遺伝を除き、**体の見た目には「なるべくしてそうなっている」原因がある**ものなのです。原因を分析し、望まない状態をどう変えるのか。いかに最適な形で刺激できるかどうかが**勝敗を分ける**と言っても過言ではないのです。

お腹全体を凹ませる方法

お腹を大きく引っ込めているつもりなのに、お腹全体の凹み方が小さい、またはまったく凹まない人は、80ページのイラストのように、お母さんのお腹の中の胎児のような体勢で体を丸めて横になり、お腹を引っ込める練習をします。

立った状態でお腹を引っ込めるよりも、ずっと引っ込めやすいと思います。お腹の動きを目で確かめながら、おへそを中心にえぐるように引っ込めていきます。

大事なのは、**脳とお腹をつなぐ休眠中の神経回路を目覚めさせる**べく、お腹の隅々《すみずみ》まで**より大きく引っ込める**ことです。この体勢でも大きく引っ込めることができなければ、凹んでいない箇所に手をあて、引っ込め方を教えるつもりでお腹を押してみてください。

ポイントとしては、腹式呼吸と混同をしないように呼吸に頼らずに引っ込めます。**ここでは、ふくらませる動きは一切行いません**。

お腹をしっかりと大きく引っ込めることができる＝お腹の筋肉のコントロールが効くようになったら、背中をあまり丸めずに行ってみてください。

最終的には立って、**しっかりと背すじを伸ばした状態でお腹を大きく引っ込められることを目指します**。

腹式呼吸を始めたらお腹が出てきてしまった、という人から相談を受けることがあります。腹式呼吸自体が悪いわけではないのですが、やり方を間違えるとお腹が出てしまう可能性があります。それは呼吸のために、お腹をふくらませる筋肉を鍛えてしまっているケースです。腹式呼吸をしたい場合は、引っ込めることをより強く意識して行ってください。

参考動画

※動画を見なくてもできます

【お腹全体を凹ませる　胎児ドローイン】

①　胎児のように背中を丸めて、床に横になる。

②　おへそを中心に、お腹全体を、できるだけ大きくえぐるように引っ込める。

③　最終的には、植森式ダイエットドローインの【基本のダイエットドローイン】で大きく引っ込めることを目指す。

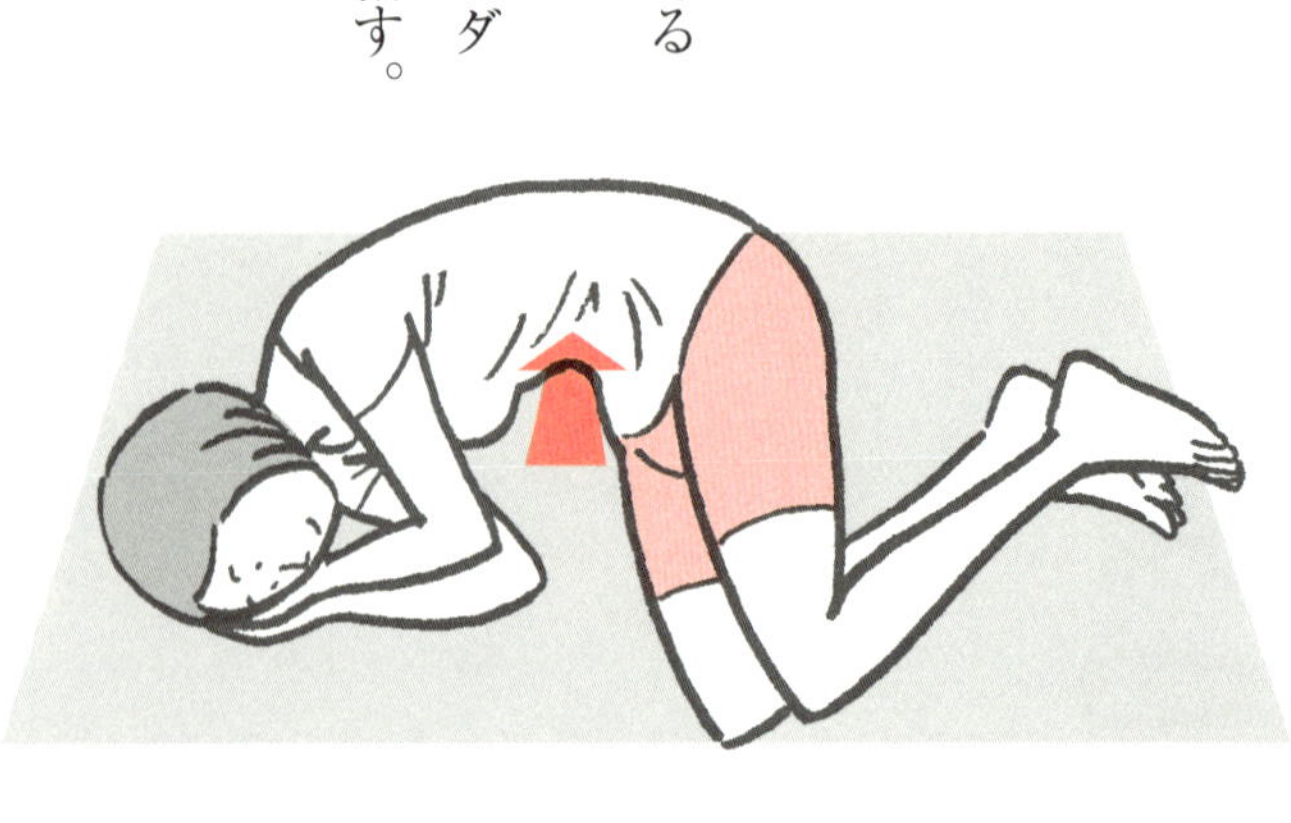

胃のあたりを凹ませる方法

お腹は、普通おへそを中心に前にせり出すか、下腹が出ることが多いのですが、上腹が出ている人もいます。

お腹の上のほう、胃のあたりが出ているのは、普段からよい姿勢を意識して肋骨が開き気味の人に多いです。そのため、お腹を大きく凹ませようとすると肋骨をさらに開くか、肋骨を上げて引っ込めようとしてしまいがちです。いわば、肋骨が開き気味に形状記憶されているような状態で、肋骨を開くほうが楽というか、得意な人です。

このクセを直すには、**肋骨を開くのではなく、内側に閉じながらお腹を引っ込める練習**をします。

まずは立ったまま、肋骨を両手で抑え込むように内側に押しながら、上腹を引っ込めてください。難しければ、はじめは息を吐きながらでもかまいません。本来は呼吸に頼るのは効果が出にくくNGなのですが、息を吐きながら行うと断然行いやすくなるので、**とりあえずは呼吸に頼って、引っ込める感覚を体験することを優先します**。

肋骨を内側に閉じながら引っ込めると、上腹の出っ張りが改善するのがわかるでしょうか。肋骨を閉じようとすると、肩が前に出て背中を丸めてしまうNGになりやすいので気をつけます。

ここでは、立って行うと難しく感じる人向けに、肋骨が開きにくい**腹ばいのポジションで引っ込める練習方法**を紹介します。肋骨を開かずに引っ込めるコツをつかめたら、最終的には呼吸をつけずに、立ったままできるように段階を経て練習してください。

【上腹を凹ませる　うつぶせドローイン】

① 腹ばいになって、片手は顔の前で、もう一方の手は肋骨に沿って押さえる。
② 手で肋骨を閉じるように押しながら、上腹を引っ込める。
③ 最終的には、ダイエットドローインの基本ポジションで、呼吸に頼らずに凹ませることを目指す。

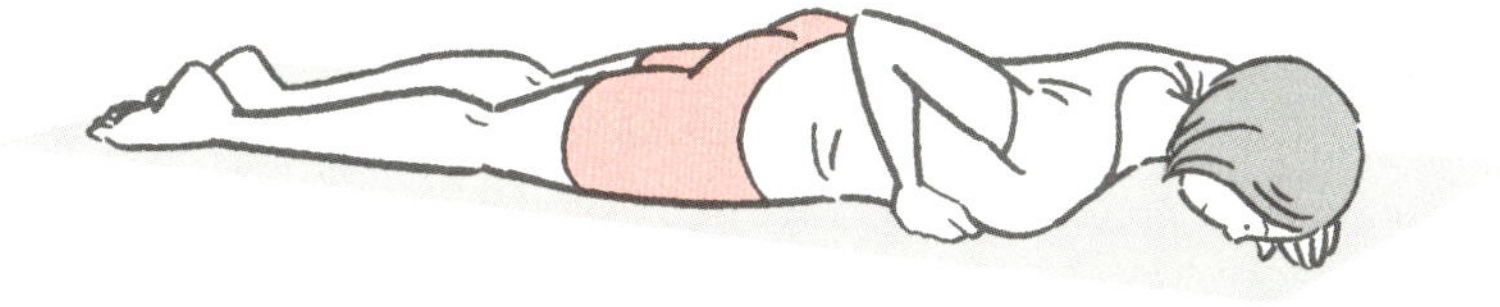

下腹を凹ませる方法

下腹があまり凹まないという人はとても多く、下腹を引っ込めるってどうやるのか右も左もわからない、という人もわりとよくいます。下腹が動くようになるまでマンツーマンで1時間かかった人もいました。**なぜ下腹を使えなくなってしまうのでしょうか**。

下腹のコントロールをよくするために、下腹を凹ませるのは本来どんなときかを考えてみましょう。今、可能な人は、ご一緒にお試しください。

手があと少しで届きそうな高いところに、おいしそうなリンゴがあるとします。片手を下腹にあて、もう一方の手をリンゴに向かって伸ばします。普通に手を伸ばしただけでは届かず、あともう少し！　あとちょっと！　と手を伸ばしていきます。

いかがでしょうか。

最初、腕だけ上げているぶんにはお腹はあまり使われませんが、**上に伸びようとすればするほど**、お腹が引き伸ばされながら凹み、もっと上に伸びようとするとさらにお腹を絞る動きによって**「自然に」下腹が使われて凹んでくる**のがわかりますか？

下腹を凹ませる動きは、本来はこのようなときに使われるのです。

けれど、リンゴを自らの手でとらなくてもいい便利な生活のなかでは、下腹までお腹を凹ませる機会がありません。下腹の引っ込め方がわからなくなってしまうのも、無理はないでしょう。

さて、高いところのリンゴを取る動作で下腹を使うことができるとしても、私たちが普段の生活のなかでわざわざ行うには限界があります。そこで【基本のダイエットドローイン】では、**腕を上げる代わりに背すじをできるだけしっかりと伸ばし**、下腹の筋肉を動員させて使うために、「自然に」ではなく**「意識的に」**、**お腹を大きく引っ込めて凹ませる**という手法をとっています。背すじを伸ばすという動きは、下腹へのアプローチにも有効なステップなのです。

なぜそれをするのか、ということを理解しておくと、筋肉の使い方のイメージがわき、また、自分なりに応用しやすいと思います。最終的に目指すところを見据え、これから紹介する中腰ドローインに取り組んでください。

中腰の体勢だと、下腹はかなり引っ込めやすくなりますので、手で強めに押してみて下腹に力が入って凹んでいることを確認します。下腹に力が入りにくい場合は、足幅を肩幅よりも広くして行ってみてください。引っ込めたりゆるめたりを何回か繰り返し、下腹がぴくぴくと動くようになればひと安心です。

最後に起き上がったときに、**顔や肩に力が入って、見た目が不自然にならないように気をつけます**。肩の力は抜いても下腹はきゅっと凹ませた状態を保ち、**何食わぬ顔**で下腹を引っ込められるようになることを目指してください。これができるようになれば、下腹の悩みは解決できます。

【下腹を凹ませる　中腰ドローイン】

① 中腰の姿勢で片手を太ももに、もう一方の手を下腹にあてて、下腹をのぞき込む。

② 背中を丸めてもかまわないので、下腹をえぐるように大きく引っ込める。

③ 凹んだ下腹がゆるまないように気をつけながらゆっくり起き上がり、背すじは伸ばした状態で肩の力を抜く。

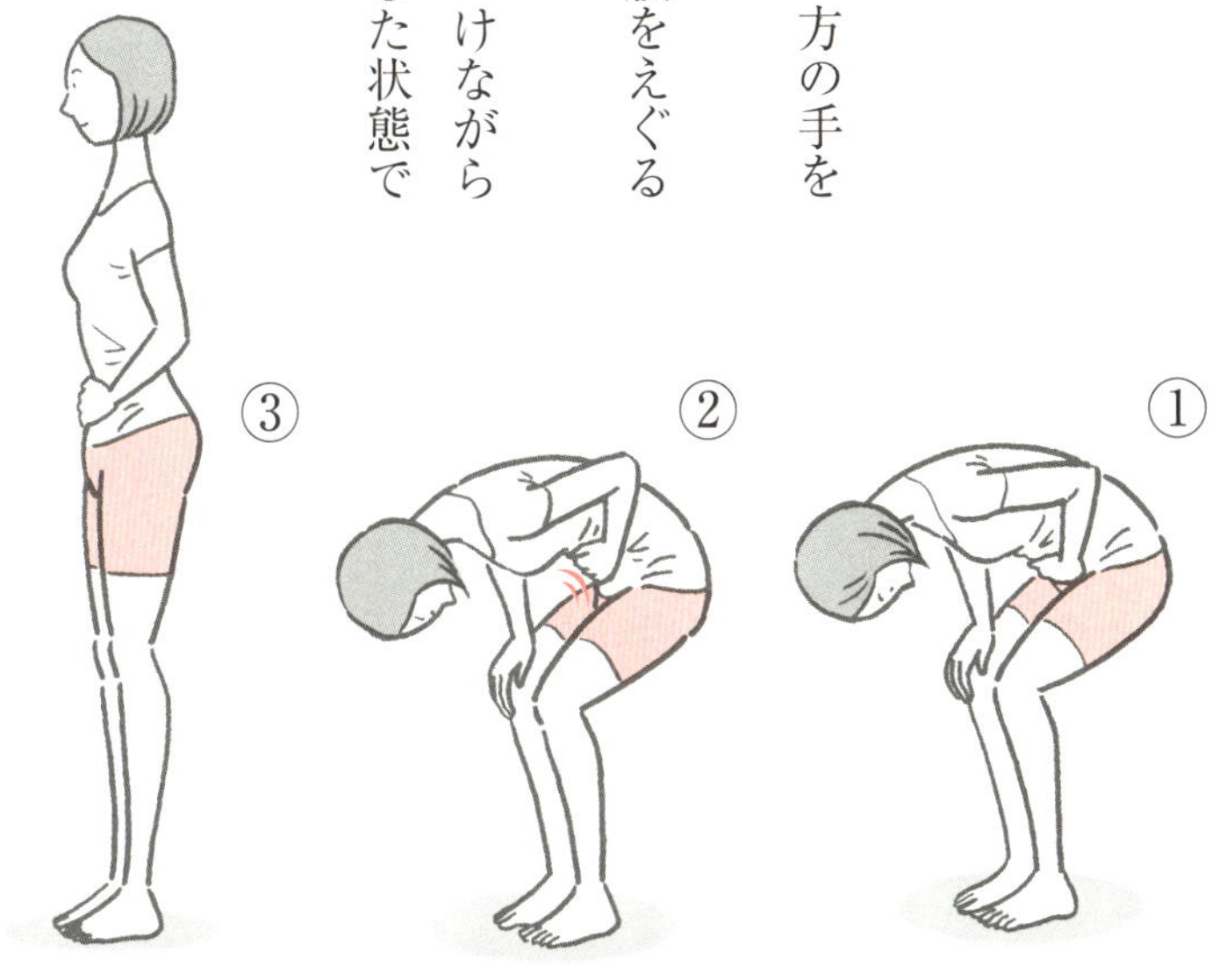

わき腹～腰周りを引き締める方法

お腹をより大きくすぼめるように引っ込めると、ぐるりと360度筋肉が使われて、わき腹から腰周りの筋肉にも力が入ります。けれど、筋肉が半分休眠しているような状態だと、なかなかわき腹や腰周りの筋肉を意識するのは難しいものです。

そこで、ここではターゲット箇所である**わき腹から腰周りの筋肉を一気に目覚めさせるべく**、下半身の**体重を使って負荷をかける**手法を紹介します。

まず、体の側面を床につけ、エビぞるような形で横になります。ここから、お腹をできるだけ大きく引っ込め、腰から下半身を持ち上げます。下半身を持ち上げたときに、自分が気になるところに力が入っているかどうか、指でつんつんと突っついてみましょう。背中側は凹んでいなくても、脂肪の下にある筋肉に力が入って固くなっていればOKです。手ごたえがなければ体の向きを調整します。

たとえば、あなたの気になる場所がわき腹よりも腰の中央に近いとします。その場合は、体を少しうつぶせに近い状態でお腹を引っ込めながら下半身を持ち上げてみてください。下半身を持ち上げてもお腹の力が抜けないように気をつけます。うつぶせに近い態勢になるほど、**わき腹よりも腰の中央が使われてきます**。下半身を高く持ち上げる必要はありません。気になる箇所というのは人によって違うので、しっかりと**自分のターゲットである箇所に効かせてください**。

ベッドの上では体が沈み込んでしまってできないので、床か布団の上で行います。

【わき腹を締める　エビぞりドローイン】

①体の側面を床につけ、エビぞるような形で横になり、気になる箇所に手を当てる。

②お腹を絞るように引っ込め、下半身を持ち上げる。

③ターゲット箇所を意識してつらくなるまでキープする。

①

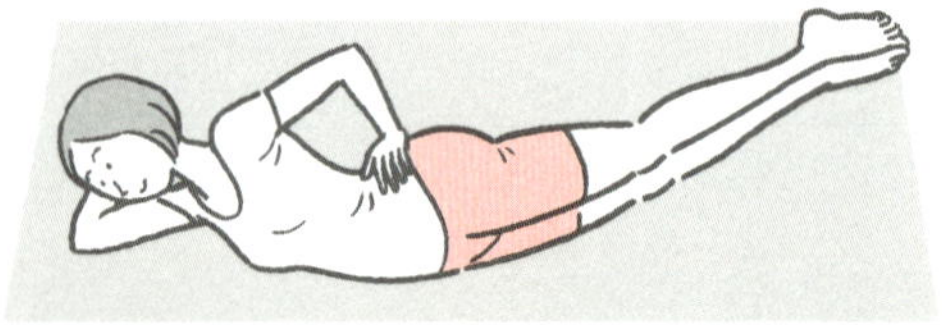

②

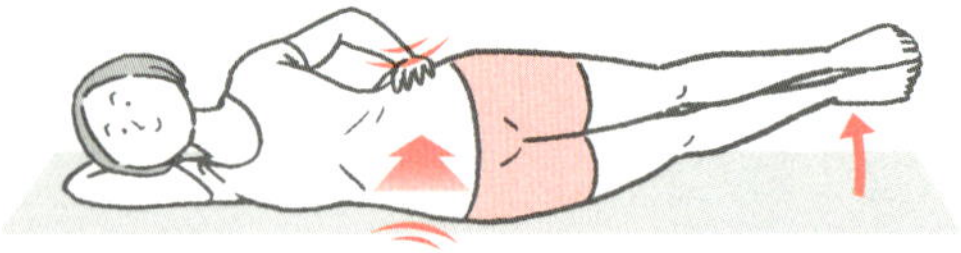

③

参考動画

※動画を見なくてもできます

背肉を引き締める方法

背肉が気になる人は、【基本のダイエットドローイン】で壁際に立ったとき、「肩の後ろを壁につける」ことがつらく感じるはずです。

背中の力の重要性については、次の4章で詳しく解説しますが、ここでは**肩の柔軟性**を身につけつつ、負荷をかけて**肩甲骨《けんこうこつ》をしっかり寄せることで、背中の力**のコントロールを高める方法を紹介します。**肩甲骨を寄せて背中にできるだけたくさんのたてじわを寄せるつもり**で行ってください。腰が弱い人は、上半身を持ち上げなくてもOKです。やりすぎると背中がつってしまうことがありますので、気をつけてください。

背肉を引き締める以外にも、肩が凝りやすい、猫背気味という人にもおすすめです。

【背肉を引き締める　腹ばいドローイン】

① 腹ばいになり、体の後ろで両手を組んで伸ばす。上半身を少しだけ持ち上げながら、両肩を後ろで近づけるように肩甲骨をできるだけ寄せる。

② 背中にたくさんしわを作れるようになったらお腹も引っ込める。

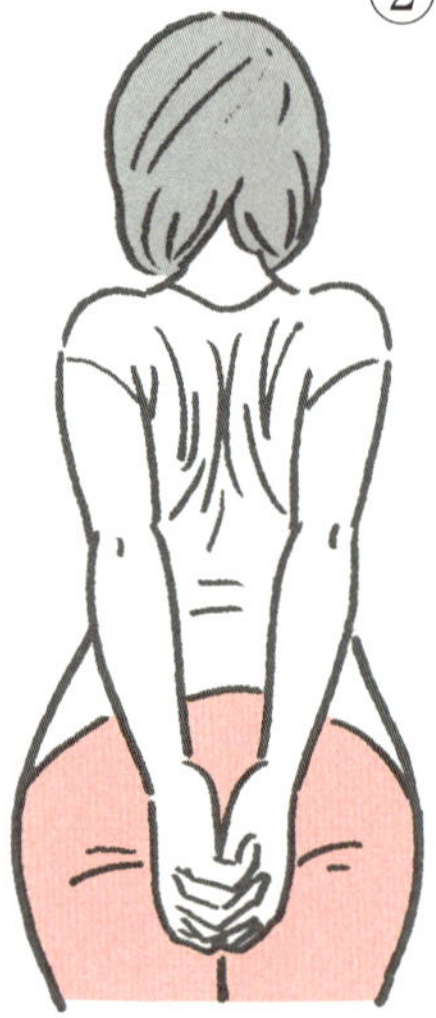

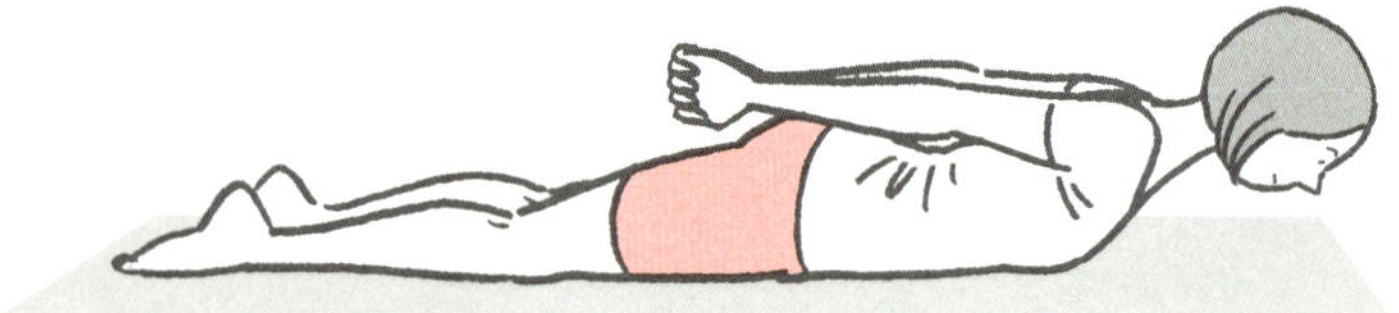

たるみをとる方法

23ページでチェックしていただいたように、お腹の見た目を左右する要素のひとつが「たるみ」でした。

実は、首のしわをとるのと、お腹のたるみをとるのに必要な刺激の方向性は同じで、それが**「伸ばす」というアプローチ**です。

寝るときに枕を使わなければ、使っているときにくらべて首が伸びた状態になります。タレントの武田久美子さんは、枕を使わずに寝るそうです。枕を使うと寝ているあいだじゅう、多少なりとも首にしわが寄り、日々の積み重ねでしわが刻まれていくことをご存じなのでしょう。

首のしわの話はこのくらいにしますが、お腹のたるみが気になるなら、何よりも**背すじを伸ばす力を高めるのが正解**です。

それを伸ばすだけでも、お腹の筋肉が使われて、お腹のたるみが改善することを確認してみましょう。

まず背中を丸めて、背中もお腹も力を抜いた状態で、お腹に手を当てます。

手のひらを横にして、片方の手をお腹の上部から真ん中にかけて触り、もう一方の手をお腹の真ん中から下腹にかけて触ります。背中が丸まっていると、お腹に横じわがたくさんでき、お腹のたるみが大きいことがわかるはずです。

では、ゆっくりと背すじを伸ばしていきます。ゆるんでいた**お腹の筋肉が動いて、背すじを伸ばすほどお腹のたるみがなくなっていき、さらにはお腹が凹んでいく**のがわかるでしょう。わかりにくい人は、鏡で見ながら行ってみてください。

ここでは、背すじを思いきり伸ばすだけでなく、そこからさらにお腹を引っ込めます。背すじを伸ばすとお腹が凹みにくくなりますが、たるみ改善には背すじを大きく伸ばしながら引っ込めるのが効果的と覚えておいてください。

【たるみをとる　背伸びドローイン】

①　壁際に立ち、組んだ両手で引っ張りながら、胴体を上に上に引き伸ばす。

②　壁と背中の隙間を埋めるように、お腹をできるだけ大きく引っ込める。

③　背すじとお腹がゆるまないように気をつけながら、両手を下ろして肩の力を抜く（肩の力を抜くとお腹がゆるみやすいので注意）。

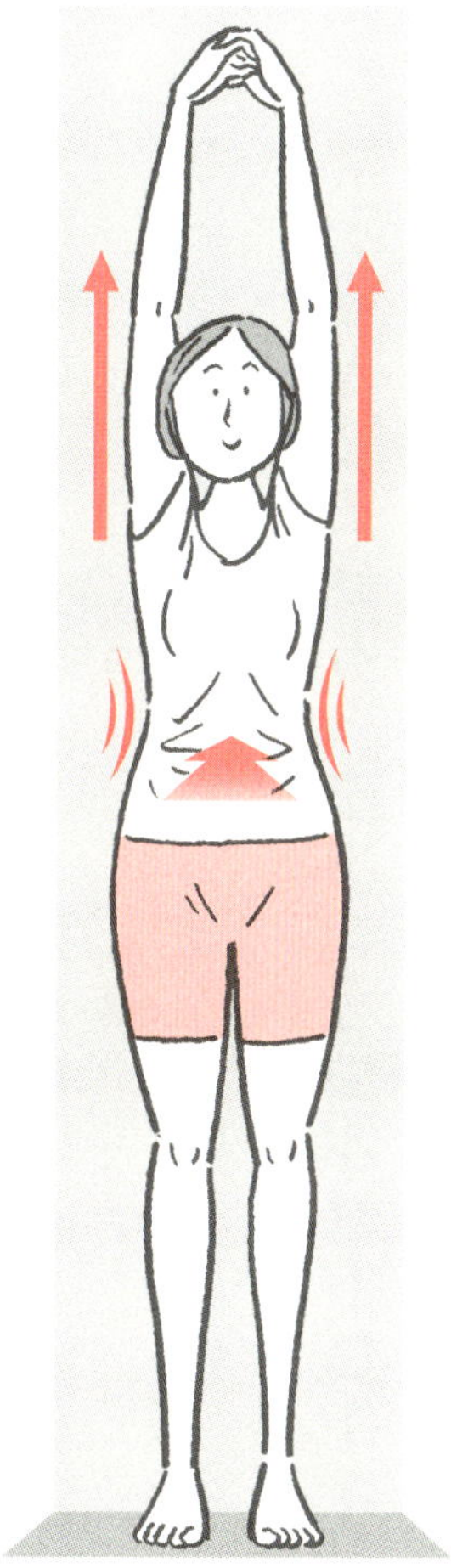

3章
ターゲットとする部位に効かせる

まとめ

▼筋肉のコントロールが効かないとお腹は凹まない

▼お腹全体を凹ませる方法→「胎児ドローイン」

▼上腹を凹ませる方法→「うつぶせドローイン」

▼下腹を凹ませる方法→「中腰ドローイン」

▼「脇腹を引き締める方法」→「エビぞりドローイン」

▼「背肉を引き締める方法」→「腹ばいドローイン」

▼たるみをとる方法→「背伸びドローイン」

4章

「1日1分で腹が凹む」ための使える体の作り方

使える体ならもっと凹む

お腹を凹ませようと思うと、お腹の筋肉ばかりに目がいきやすいのですが、お腹と背中の筋肉をバランスよく使えないと、ダイエットドローインの効果は半減してしまいます。背中の力を見直すことは、お腹を凹ませる力が弱い人だけでなく、さらなる高みを目指したい人にも有効です。この章では、**背中の力を軸に姿勢を整えることの、重要性とメリット**について考えていきます。

最初に、少し私の体験をお話させていただきます。

私がスポーツクラブのインストラクターを目指したきっかけは、ダイエットしてスリムな体型になりたかったからでした。10年、あれこれチャレンジしてもうまくいかなかったので、一念発起してOLをやめてトレーナー養成の専門学校に入学したのです。ところが一生懸命に運動した結果、「もう一生歩けないのではないか」と不安になるほどの腰痛を起こしてしまいました。

私はもともと文科系の人間です。本格的に運動した経験はないに等しく、「使えない体」のまま無理して運動したせいで、腰に負担をかけてしまったのです。

姿勢を整えることについては、当たり前すぎて「運動」という概念は持ちにくいのですが、指導経験を積むほどにその重要性を確信するようになりました。

お腹を凹ませるのが目的であるダイエットドローインで、姿勢を整えながら引っ込めるのも、そのほうが**最大限の成果を出せる**からなのです。ここで、**なぜお腹を凹ませるのに背中の力が大事なのか**を体で感じていただきましょう。

今この本を読みながら、背中を丸めて上半身を脱力させた状態でお腹をできる限り大きく引っ込めてみてください。お腹はかなり引っ込めやすいかと思います。けれど、その凹んだお腹を生で見ると、たるみやしわができているわけで、大きく凹んでいたとしてもお腹の見た目は望むものではないでしょう。**背中が丸まった姿勢も、たるんだお腹も、形状記憶しては困ります。**

では今度は、背中を丸めてお腹をできるだけ大きく引っ込めたまま、ゆっくりと背すじを伸ばしていってみてください。お腹を引っ込めたまま背すじを伸ばすには、後ろから引っ張って支える背中の力が使われていくのがわかりますか？

お腹を大きく引っ込めるほど、背すじを伸ばす背中の力が必要になります。つまり、背中が丸まらないように背すじを伸ばしておく力が弱いと、かっこよくお腹は凹まないし、凹ませる力を強くするのも難しくなるということです。お腹を大きく引っ込めると、背中側の筋肉が連動して使われます。

参考動画
※動画を見なくてもできます

私はもう28年もウエスト58センチを維持しているのですが、背中の動きをより意識してお腹を凹ませていると、ウエストサイズがさらに1～2㎝細くなります。ただ細ければいいというものでもないので、近年はあまりお腹を凹ませすぎないように気をつけていますが（笑）。

あなたの若さ度をチェック

凹んだお腹のカギを握る、背中の力で大事なのは、「背すじを伸ばす」「肩を引く」という2つの使い方です。**見た目にもより若々しい姿勢になるための力**でもあります。

まずは、「背すじを正しく伸ばせるか」のチェックです。

【使える体チェック　背すじを正しく伸ばせるか編】

① 腕を耳の横でまっすぐ大きく上に伸ばす。

② 壁際にそのまま移動して壁にかかとをつけ、体がまっすぐに伸びているかチェックする。

行う前は簡単そうに見えますが、背中を中心に体幹の筋肉を使えないとなかなかどうして難しく感じるでしょう。たとえば、一見背すじが伸びているかに見えても、左端のイラストのように、**腕が曲がっているということは背すじがたいして伸びていない**証拠です。

NGパターンにならないように伸ばせるかが肝心で、まずいぞ、という人は腕を組んで伸ばす95ページの【背伸びドローイン】をおすすめします。行っているうちに伸びなかった腕も背すじも伸びるようになり、お腹もぐんと凹んできます。

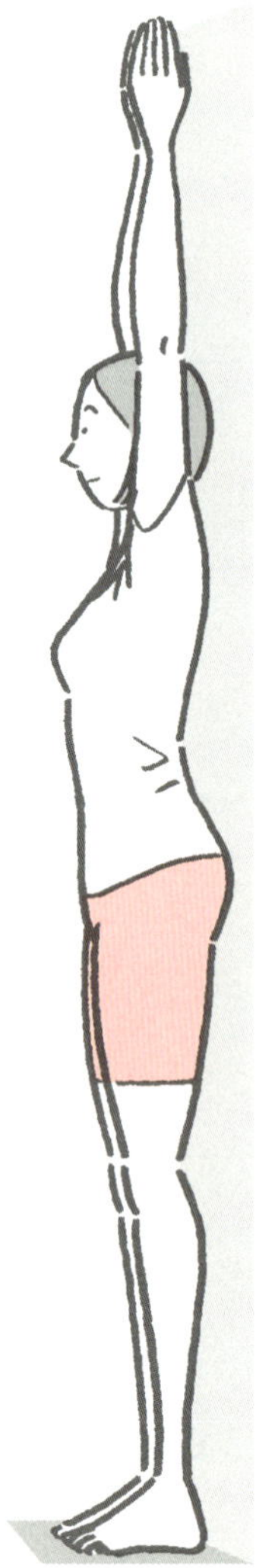

NGチェック！

□ 腕が前方であごや腰がひけている。

□ あごやお腹が前に出る。

□ 腕が伸びきっていない。

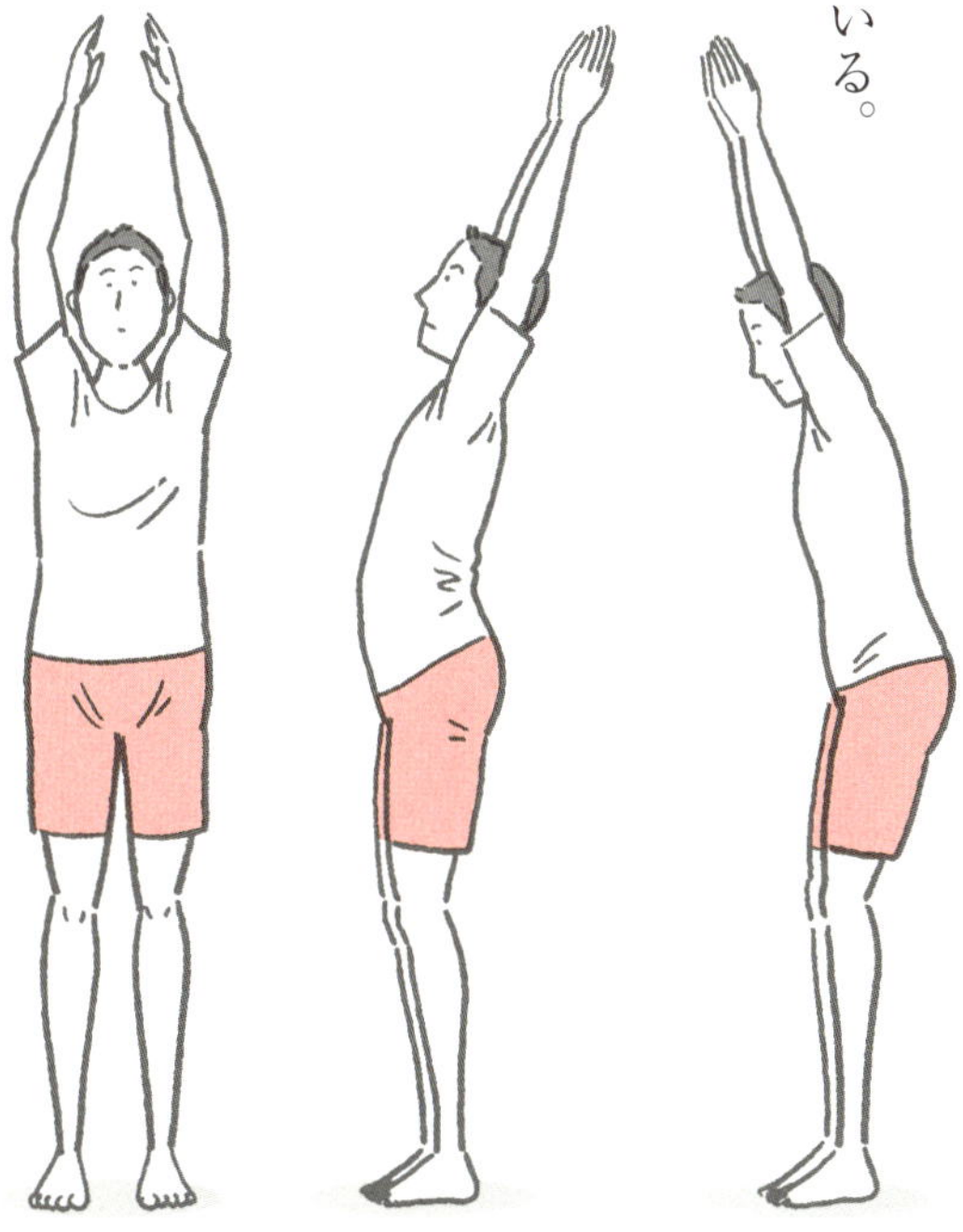

次に、「肩を引く」動きです。

あなたは【基本のダイエットドローイン】で肩を引いて壁につけることができていますか？　肩の後ろを壁につけようとするとつらくありませんか？

普段、生活動作では体の前で腕を動かすことが多いせいで、**どうしても肩の位置が前に固まっていきがち**です。肩の位置が前になればなるほどお腹はゆるんで出っ張ります。肩を引く動きは肩甲骨を中央に寄せる力を使えているかがカギです。手の力を借りながら肩を引いて肩甲骨を寄せたあと、**手を離しても肩を引いた状態を保てるかどうか**をチェックしてみてください。

肩を引く、という動きのコントロールが効かない人だと、肩を引こうとすると胸をぐっと前に突き出してしまいがちです。これは肩だけ引くことができずに、肋骨を広げて肩の位置を後ろに持ってこようとしてしまうからです。

チェックテストを行ってＮＧパターンだった場合は、続く5章を参考に、ぜひ**日常生活のなかに肩を引きながらお腹を引っ込める動きを取り入れてください**。

【使える体チェック　肩を引いていられるか編】

① 背すじを伸ばして後ろで手を組み、肩を大きく後ろに引いて、肩甲骨を最大限近づける。

② 背中にできたたてじわをそのままキープするつもりで、そっと手を離す。

③ 手を離しても腕と腕が離れず肩幅以内でキープできたかをチェックする。

NGチェック！

□ 組んだ腕が後ろで伸びない。

□ 肩が上がって後ろに引けていない。

□ 後ろで組んでいた手を離したとたんに、勢いよく腕が開く。

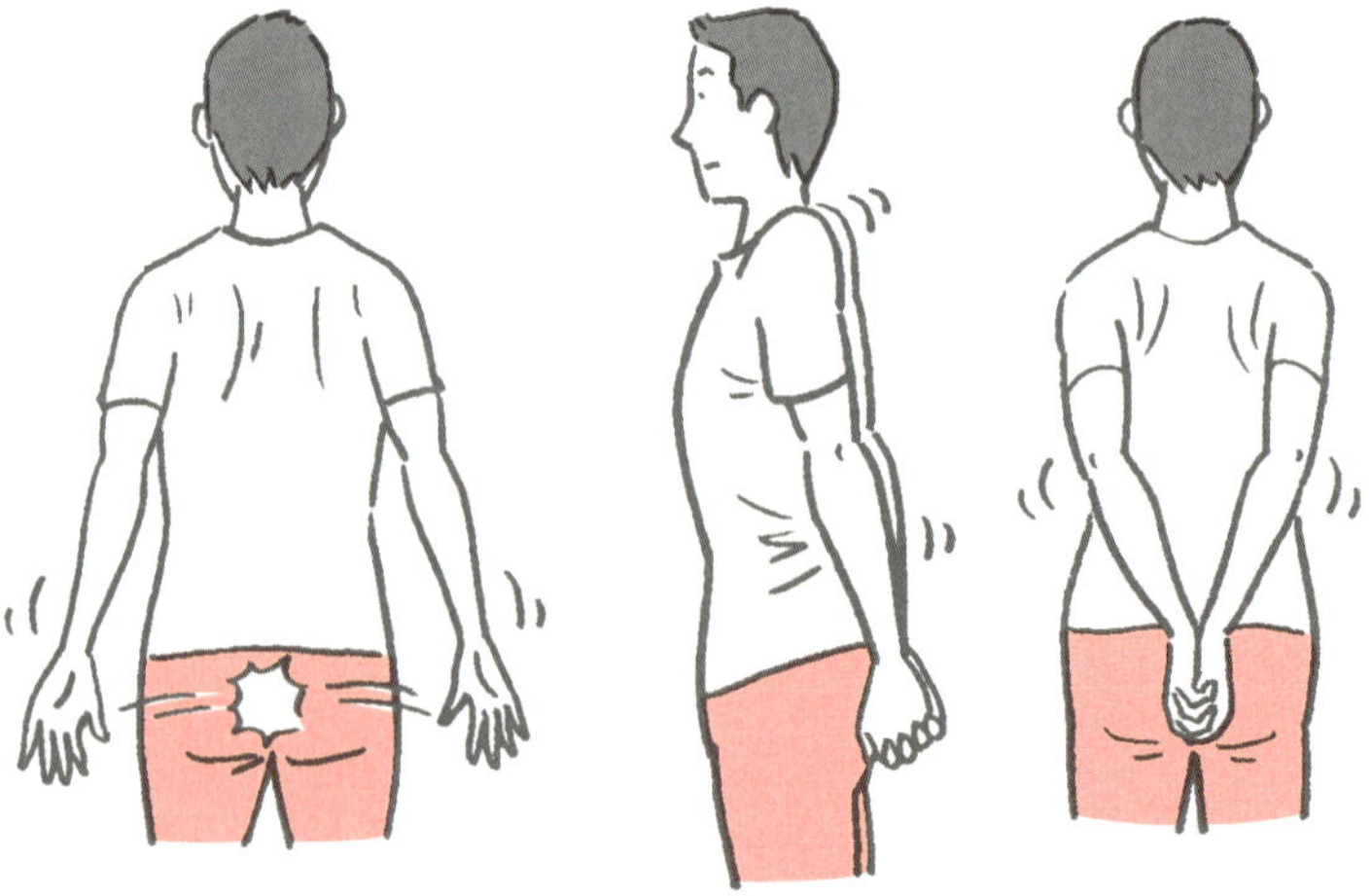

肩こりや腰痛が改善し、体調もよくなる

運動不足には自覚があっても、**「姿勢不良」に自覚がある人は少ないもの**です。姿勢を見直すとお腹が凹むだけでなく、姿勢に起因していた肩こりや腰痛が改善し、**見た目年齢も軽く5歳くらいは若返って見えます**。

姿勢によって体にどのような負担がかかっているかを知っておくと、疲労を最小限にとどめることもでき、**一生役に立つ**と思います。肩こりなどの不調がある人以外も、ぜひ参考にしてください。

前項で背中の力のチェックをしました。背すじを伸ばしにくい、肩をうまく引けない人は、背中をうまく使えていないので、【基本のダイエットドローイン】のポジショ

ンで立つだけでつらさを感じるかと思います。すぐにはできなくても、この基本の姿勢に近づけるべく意識をすることが、**背中の筋肉にとっての筋トレになります**。お腹よりもむしろ背中を優先的に鍛えるべきで、その理由は、お腹を凹ませるのに必要なだけでなく、**体調を整え、疲れにくい体づくり**に直結するからなのです。

どういうことなのか、魚肉ソーセージにたとえて説明します。

体の胴体部分を魚肉ソーセージとしてイメージしてみてください。魚肉ソーセージの最上部には頭があります。この頭の重さは、約5kg。1リットルのペットボトル5本分ですので、結構な重さです。

では、頭の位置が前にあるほど、魚肉ソーセージはどうなるでしょうか。背中に当たる裏側に、魚肉ソーセージが裂けるような負荷が加わります。**頭だけ前に出ているなら首のところに、猫背なら背中に、大きく前傾すれば腰のあたりで裂けて折れてしまうでしょう**。

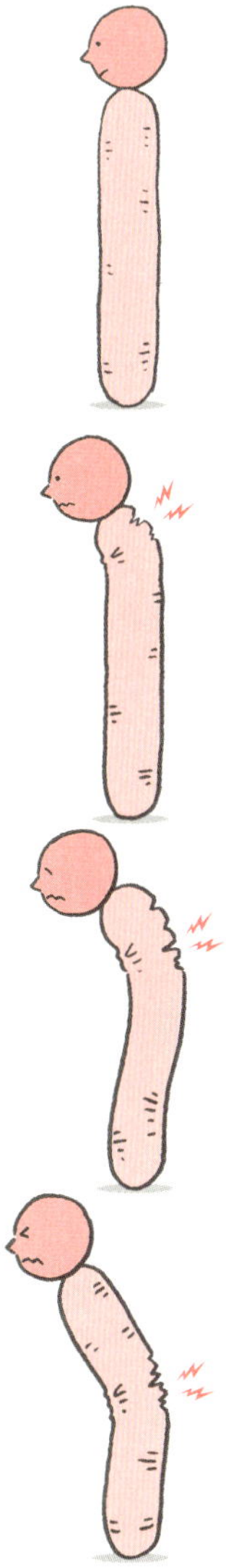

もちろん人の体は魚肉ソーセージと違って、裂けたり折れたりはしませんが、負荷のかかり方は同じです。**私たちの生活は前のめりの動作が中心**ですから、背中側の筋肉は魚肉ソーセージが裂けて折れるような負荷にさらされ続けているのです。

首や肩、腰が疲れ、コリや痛みを感じるのは「なんとかしてくれ」と、体が発している警告です。**無視しているつもりはなくても**、結果的に有効な対応ができないことで、**体は望まない形に固まり**、ひいては**骨を変形させてしまう**こともあります。

では、背中への負担を小さくするにはどうしたらよいかというと、胴体をできるだけまっすぐに保ち、頭を胴体で支えます。

胴体をまっすぐに保つためには、**お腹と背中の筋肉が力を出し合う形で支え合う**のですが、その力は均等ではなく、人の体では構造上、背中の筋肉が主動します。肩甲骨を寄せるところで、**頭の位置を後ろから引っ張ってコントロールする役割**を、背中の筋肉は担っているのです。

肩甲骨を寄せる力が衰えるのは、前のめりの動作ばかりで日常生活に肩甲骨を寄せる動きがほとんどないからです。危機意識がないままに背中の筋肉を使えなくなっていくことは、**人生においてリスク以外の何物でもありません**。1章で解説した通り、腹巻き状の腹横筋を鍛えることは、お腹を凹ませるうえで手っ取り早いのは確かですが、腹横筋だけを鍛えても不十分といえます。

たるみのないお腹も、影の立役者のような**背中の力があってこそ**なのです。背中が使えなくなっていると感じる人は、背すじを伸ばし、頭の位置を後ろに引っぱってコントロールする背中の力を高め、**少しずつでも姿勢の改善に努めてください**。

姿勢は長年の生活のなかで身についているものなので、いきなり切り替えられませんが、それでも使えなくなってきている箇所を、目的を意識しながら使うだけで、**セルフパーソナルトレーニングともいうべき筋トレになる**のです。

ともかくは上半身をまっすぐにしておくように意識するだけで、首、肩、背中、腰への負担が確実に軽減し、コリや痛みが楽になります。ちょっとした意識ひとつで、長時間のデスクワークでためにためていた**体の疲れもどれだけ楽になるかわかりません**。体が軽くなれば、気分も爽快というものでしょう。

私自身、いつも顔色が良くて元気ですね、と言われるようになったのは、姿勢を意識するようになり、体を上手に使えるようになったからという実感があります。**あなたの体の疲れをコントロールするのは、あなたの意識です**。納得してしまいさえすれば、気力も根性もいりません。

意識が変われば人生が変わると言いますが、それが本当であることを実感していただけると思います。

コラム　女性から見た男性の好きな体、嫌いな体

男性は、ボディビルダーのような筋肉マッチョな体を基本「カッコいい」と思うようですが、やや人間離れした体型に大きな魅力を感じる女性は比較的、少数派です。すごく太っているよりは細マッチョがいい、女性からすると、筋肉に対するイメージはそんなレベルだと思います。

男性が女性の見た目を気にするのに対し、女性は異性のビジュアルを男性ほどは気にしていない、そう言い切ってもよいのではないでしょうか。

女性は、見た目よりは中身をみる傾向があり、マッチョが嫌いというよりナルシストが好きではない気がします。女性が「あの人はナルシストだよね」と言うときには、「ちょっとイヤだよね～」といった、やや批判的なニュアンスを少なからず含んでいます。

例外として、自分にとって利害のない芸能人、たとえば、タレントのGACKT《ガクト》さんのように美しい男性に対しては「ナルシスト」という言葉を称賛の意味合いを持っ

て使うことがあります。そういう意味では、女性の価値基準は単純ではないというか、男性にはややわかりにくいかもしれません。

「後ろ姿に男の哀愁を感じる」などと言うのも、背中がピンと伸びていない後ろ姿がカッコいいわけではないのです。疲れていそう、悲しそう、寂しそう、そう見えるのは愛情や同情、未練などの感情というフィルターを通しているからで、その女性にだけ魅力的に見えていると考えるのが妥当でしょう。

年齢は、後ろ姿に出ます。姿勢がよくないことやお尻が垂れていることにがっかりする女性は多いように思います。年齢にかかわらず、男性の腰つきやハリのあるお尻にセクシーさを感じる女性は少なくありません。

181ページで、お腹が凹んだあとにスーツを作り直したら、思いがけずお尻が上ってズボン丈が長くなった男性の話を紹介しています。お腹が凹むだけではないダイエットドローインの成果を楽しみにしてください。

4章

「1日1分で腹が凹む」ための使える体の作り方

まとめ

▼お腹を凹ませるためには背中の力が不可欠

▼背中のコントロールが効くかのチェックは2つ

【背すじを伸ばす力】

腕を組まずに壁のラインに沿って腕をまっすぐに伸ばせるか

【肩を引く力】

後ろで手を組み肩甲骨を寄せた後、

手を離しても肩甲骨を寄せた状態を維持できるか

▼背中の力を見直すことで、

お腹が凹むだけでなく肩こりや腰痛を改善、

若々しく疲れにくい体づくりができる

5章

「1日1分で腹が凹む」を自動化する

お腹を凹ませるのにジムは無用

普段の生活のなかにドローインを取り入れるのは、お腹を凹ませたい人にとって、費用対効果が非常に高いやり方です。トレーニングジムでの運動と時間的な費用対効果をくらべてみます。

トレーニングジムで運動すると約1時間かかります。内訳は、ウォーミングアップにエアロバイクなどの有酸素運動を15分、マシーン等の筋トレを30分、筋トレ前後のストレッチを15分。人によって多少の違いはあってもだいたいこんな感じです。

注目したいのは、実際に筋トレにかけている時間と内容です。

通常はひとつの部位を2、3セット行います。いわゆるインターバルという休憩時間を考えると、筋トレを行っている時間は20分程度になります。また、胸、肩、背中、お腹、太ももの前と後ろ、ふくらはぎと複数の部位を鍛えますから、お腹を鍛えている時間は1セット30秒か、せいぜい1分で、3セット行ったとしても3分程度です。ジムに週2回通う場合、お腹を鍛えるのに使っている実質的な時間は、1週間で6分ほどなのです。かたや普段の生活のなかでお腹を引っ込めるだけなら、**時間もお金も着替えも必要なく**、1日に1分で、1週間で7分になり、ジムよりも多くなります。しかも、**いつでもどこでも行うことができる**のです。

ジムではマシーン器具やサウナなどの施設が充実していますし、トレーナーや友人と話をする楽しみもあり、メリットがないという話ではありません。**お腹を凹ませるのが目的なら、時間を使ってトレーニングジムに通う必要はない**ということです。

お腹を引っ込めることはいつでもどこでもできることが裏目に出て、つい忘れてしまいやすい面がありますので、必ず行う動作、または、かなり頻繁にあるシチュエーションとセットにしてしまうとよいと思います。お腹全体なのか、下腹なのか、わき腹なのか、ご自分のターゲット箇所を意識して引っ込めてください。

シーン別おすすめドローイン

朝、布団の中で

朝、起きたときに布団の中で行うのにおすすめのドローインを2種類紹介します。ひとつは、お腹のたるみが気になる人におすすめの「全身伸びドローイン」です。もうひとつは、基本のダイエットドローインを行ったとき、肩の後ろを壁につけるのが苦手と感じる人におすすめの「大の字ドローイン」です。

まず、全身伸びドローインですが、**手のひらをにぎって両手を上げ、手首とつま先で引っ張り合うようにして大きく伸び**をします。そして、全身を伸ばした状態から背中を布団に押しつけるようにしてお腹を大きく引っ込めます。

引っ込める時間ですが、このドローインについては、起きたばかりですし、**目覚めをよくする意味で10秒以内がおすすめ**です。

注意点としては、胸や腰をそらした伸びになってしまわないように気をつけてください。体はあくまでもまっすぐに引き伸ばします。

101〜103ページの「使える体チェック」で、背すじを伸ばす力が弱かった人は手を組んで伸びましょう。手を組んで伸びた状態でお腹を引っ込めるとお腹が凹ませにくくなりますが、**背すじをしっかり伸ばせるようになる**ことが先決です。

伸ばしていない背すじは伸ばせなくなり、その延長線で年配になって背が低くなることもあります。これまで繰り返しお話ししてきているように、普段の生活動作は前のめりで行うことが多いため、**知らず知らずのうちに背すじを伸ばす力が衰え**、体が縮こまっていきやすいのです。

「私の背すじは一生若々しく伸びている」というイメージをもって、全身をぐーっと伸ばしてください。年を重ねても若々しいあなたの姿に必ずつながります。

さて、背すじは問題なく伸ばせる人は、お腹を引っ込められる程度の伸び具合で行ってください。同じ動作に見えても、**背すじかお腹か、改善したいほうに意識を向ける**ことが大切です。

次に、「大の字ドローイン」です。

こちらは、104～106ページの「使える体チェック」で肩を引く力が弱かった人、上腹が出ている人、また、より若々しい姿勢を目指す人にもおすすめです。

腕を肩よりも低めの位置で開いたら、肩を引いて肩甲骨全体を布団に押し付けながらお腹を凹ませます。**時間はやはり10秒以内**がおすすめです。

注意したいのは、肋骨を持ち上げて胸を開かないようにすることです。肩の後ろで布団を強く押すほど、肋骨が開いて持ち上がるのが自然な動きなのですが、この**自然な動きに逆らうように**してお腹を引っ込めることでお腹を凹ませる筋トレとしての効果があるのです。

「大の字ドローイン」は、お腹を大きく凹ませようとすると肋骨が上がったり、開いてしまう人にはやや難しいかもしれません。その場合は、肋骨を閉じるようにお腹を凹ませられるようになってから行うのがよいでしょう。うつぶせの状態（83ページ参照）か、このあとでご紹介する壁押しドローイン（129ページ参照）のような、負荷が小さいタイプの動作で行ってみてください。

全身伸びドローイン

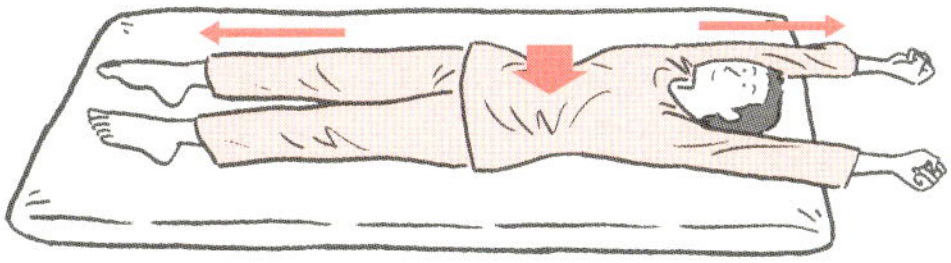

行い方

大きく伸びて、お腹を布団にめり込ませるような意識でお腹を引っ込める

注意点

腰をそらさないように注意

ポイント

手を組んで伸びるほどお腹を引っ込めにくく負荷が大きくなる

大の字ドローイン

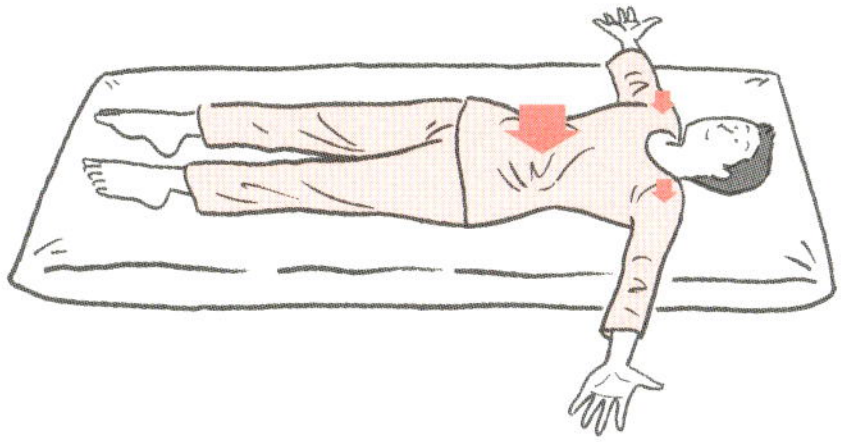

行い方

両手を広げ、肩の後ろで布団を押しながら、お腹を大きく引っ込める

注意点

肋骨を開いて胸を突き出さないこと

ポイント

肩甲骨全体を布団に押し付ける

シーン別
おすすめ
ドローイン

顔を洗いながら

顔を洗っているときは大きく前かがみになるので、まっすぐに立っているときよりも下腹を凹ませやすい状態です。

ここでは、下腹まで効かせやすい「洗顔ドローイン」と、腰が痛いときに行うのにおすすめの「腰痛時洗顔ドローイン」を紹介します。

まず、洗顔ドローインですが、ひざを深めに曲げ、お尻を突き出した形でお腹をえぐるように引っ込めましょう。87ページで行った練習方法と違って、両手を太ももで支えないぶん、**お腹に内臓や脂肪の重みが負荷としてかかります**。

お腹全体を凹ませたい人は、おへそを中心に大きく引っ込め、下腹ターゲットの人は、下腹を意識して、お腹を引っ込めましょう。

下腹を引っ込めようとすると、息がどうしても止まってしまいやすい人も、洗顔ドローインなら息を止めずに行えるはずです。

ひざを深く曲げるほど強度が高くなりますので、行う時間なども考慮してご自分なりに調整しましょう。調整といっても難しく考えずに、「下腹に効いている」という実感があればＯＫです。

顔を洗った後に起き上がって、タオルで顔をふくときにも下腹まで引っ込めていられるようになったら、洗顔ドローインはコンプリートです。

なお、基本的に、背すじは丸めずに伸ばした状態で行いますが、肝心の下腹の動きが悪い人は、**背中を丸めて行ってもＯＫ**です。

もし、背すじを丸めると腰に不安を感じる人は、腰痛時の洗顔ドローインを選ぶようにしてください。

次に「腰痛時洗顔ドローイン」です。

腰痛を起こしたことがある人ならよくおわかりと思いますが、腰が痛いときに顔を洗う動作はかなりつらいものがあります。治りかけた腰痛がぶり返してしまうこともあるかもしれません。

お腹を引っ込めて顔を洗うのは、腰痛用のコルセットの代わりに**骨盤周りを締めつける**ようなものなので、腰が痛くてつらいときや、下腹を凹ませたいけれど腰に不安を感じる人におすすめします。

腰への負担を減らす洗顔動作の基本は、**支点（上半身の重みを支える点や面）をできるだけ増やしてお腹を引っ込める**ことです。

洗面台やあなたの体型にもよりますが、形としては**体全体で洗面台を抱え込む**ような形で、ひざと、肋骨のあたりを洗面台につけ、さらにひじもついて顔を洗います。

頭の重みをひじで支えるように意識すると腰の負担がより小さくなります。

下腹の引っ込め方ですが、痛みがひどいときは、お腹を引っ込めることができなくても仕方ありません。

腰が楽に感じるようなら引っ込めるようにしましょう。お腹の引っ込め方は、ご自分のコンディションによって加減するようにしてください。

洗顔ドローイン

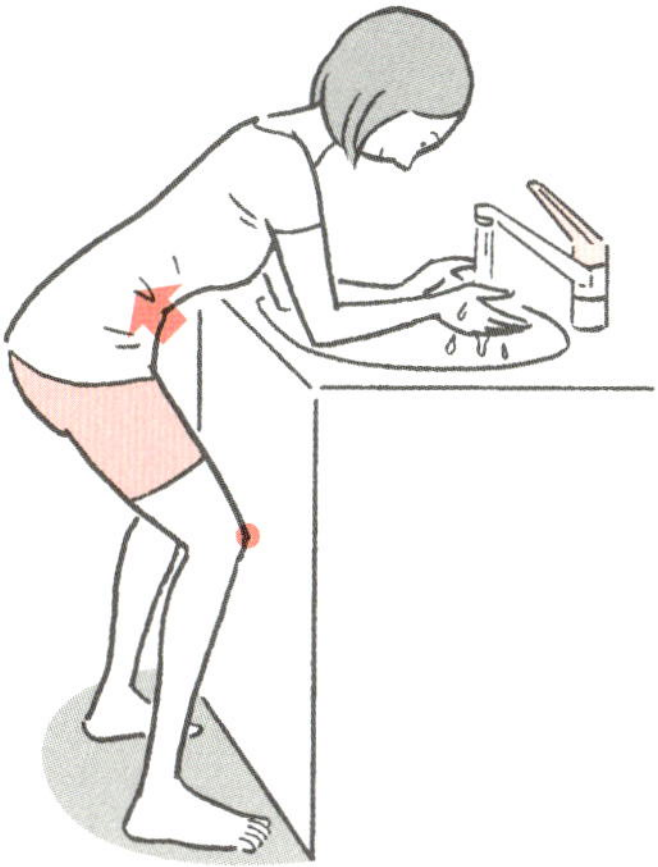

行い方

両ひざを洗面台の前面につき、背すじを伸ばして下腹をえぐるように引っ込める

注意点

腰に不安がある人は無理をしないこと

ポイント

ひざを深く曲げると強度がUP!

腰痛時洗顔ドローイン

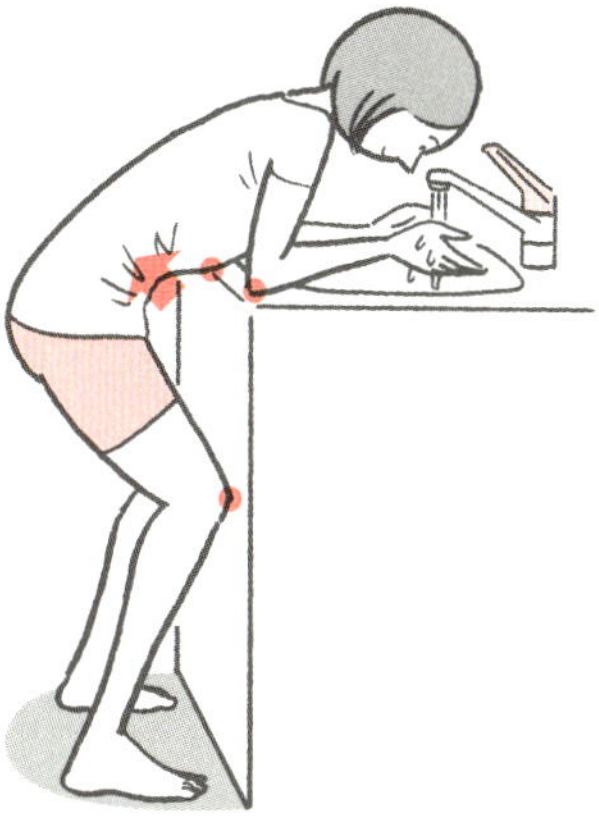

行い方

両ひざ、上腹、ひじを洗面台につき、体重を洗面台に預けるような体勢で下腹を引っ込めながら顔を洗う

注意点

腰が痛くてお腹を引っ込められない場合は、引っ込めなくてOK

ポイント

上半身を支える点や面が増えるほど、腰への負担がより小さくなる

シーン別
おすすめ
ドローイン

歯磨きしながら

歯磨きをしながら行うのにおすすめのドローインを2種類、紹介します。ひとつは、お腹全体に少し大きめの負荷をかけることでサイズダウン効果を重視したい人向けの「歯磨き斜めドローイン」、もうひとつが、姿勢改善しながらお腹を凹ませたい人向けの「壁押しドローイン」です。

まず、「歯磨き斜めドローイン」ですが、洗面台から離れた位置に立って体を斜めにし、片手を洗面台について支えた状態でお腹を大きく引っ込めます。たるみや**下腹にも効かせやすい**のですが、洗顔動作で行うドローインよりもお腹にかかる負荷が大きくなり、少し強度は高めになります。また、足を後ろにつくほど、体が水平に近づきお腹に大きな負荷がかかります。引っ込めておく時間によって角度を調整してください。負荷をお腹にかける負荷はただ大きくすれば効果的、というわけではありません。負荷を大きくしてもお腹をしっかりと大きく引っ込めることができればよいのですが、お腹を引っ込める筋力が弱いと、負荷に負けてしまってお腹を引っ込めることができません。お腹を使っていないわけではないものの、サイズダウン効果は低くなります。

ですから、足の位置を調整してご自分にとって**最適な負荷をかける**ようにしてください。同じ角度で行っていると楽に大きく引っ込められるようになってきますので、そうしたら、さらに角度をつけていくようにします。

注意点ですが、体をまっすぐに保てずに腰が引けてしまうと、お腹を凹ませる効果は低くなります。これは、言い換えると、長めにお腹を引っ込めている最中など、途中できつくなったとき、わざわざ足の位置を変えなくても、**腰を引くことで負荷を軽減できる**ということです。

次に肩を後ろに引き、**背中の力を高めながらお腹を引っ込める**「壁押しドローイン」です。とくに普段から姿勢が前肩気味の人や、正しくドローイン力を高めたい人におすすめです。背中がしっかり使われることでお腹にも力が入りやすくなります。

行い方ですが、壁を背中にぴったりつけて立ち、歯磨きをしていないほうの肩を引き、肩の後ろで壁を押しながらお腹を引っ込めます。上の歯を磨くときは右手、下の歯を磨くときは左手と、**歯ブラシを持ち替え左右まんべんなく**行ってください。

注意したいのは、【基本のダイエットドローイン】と同様に**壁から体が離れないように**することです。肩を後ろに引くと頭が壁から離れたり、胸を前に突き出してしまいやすいのです。**肋骨を閉じて凹ませる**のが正しい引っ込め方です。

肩を引く動きと上腹を引っ込める動きを、最初は同時に行うのが難しく感じるかもしれません。その場合は、ご自分が**重視したいほうを優先的に意識**してください。

やってみると意外にきついです。歯磨きをつい早めに切り上げたくなってしまうようなら、他のシチュエーションで行うほうがよいかもしれません。

私は駅などでの待ち時間にこの壁押しドローインを行うのですが、エクササイズをしているとは気づかれません。顔を真っ赤にして力んでいたりすると見た目に怪しくなりますので、まずは家で練習し、涼しいお顔で行えるようになってください。

歯磨き斜めドローイン

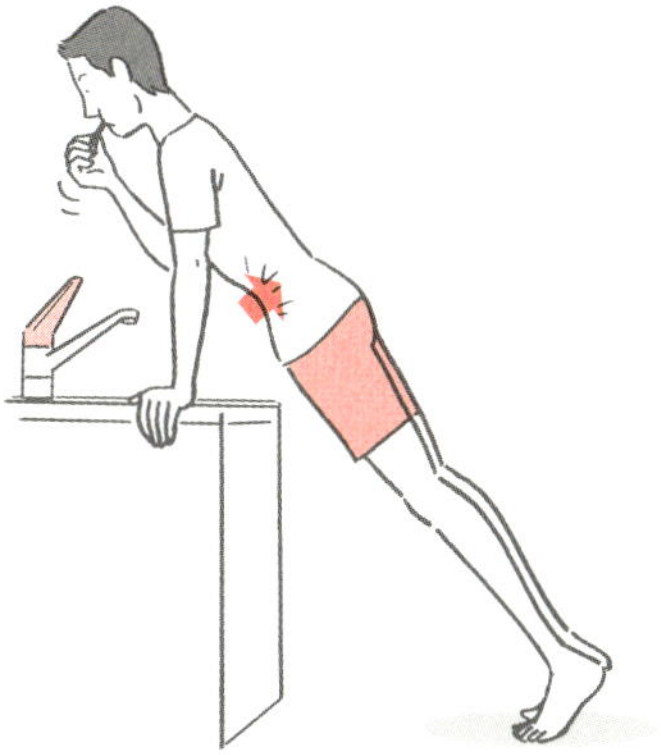

行い方

洗面台から離れた位置に立ち、歯ブラシを持っていないほうの手で洗面台のフチをつかんで体を斜めにし、お腹を引っ込める

注意点

基本的に腰を引かないように注意

ポイント

お腹をしっかりと引っ込められる角度で行う

壁押しドローイン

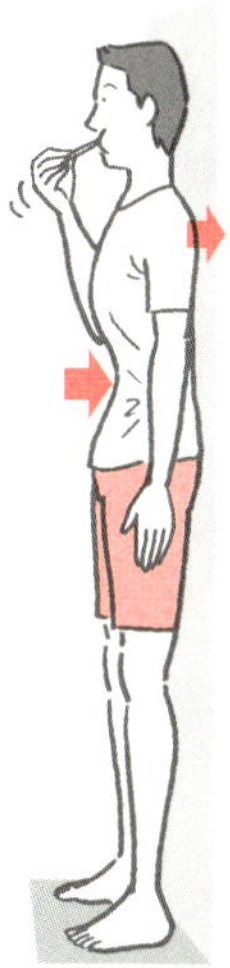

行い方

壁を背にして、歯ブラシを持っていないほうの肩の後ろで壁を押しながら、お腹を引っ込める

注意点

基本のダイエットドローインと同様で体の背面を壁から離さない

ポイント

待ち合わせのときなどにターゲットの箇所を意識して行うのもおすすめ

シーン別
おすすめ
ドローイン

座りながら

最初におすすめの基本の座り方を解説して、その後に椅子に座って行うドローイン2種を紹介します。取り組みやすさで一押しの「座位・後傾ドローイン」と、肩関節が固い人、背中に疲れがたまりやすい人向けの「座位・背中寄せドローイン」です。これらのドローインは立って行うこともできます。

座るときに心がけたいポイントは「**座骨で座り、浅く腰掛ける**」こと、そして「**背中を丸めない**」ことです。

実は、立っているときにくらべ、普通に座っているときに腰椎にかかる負担は、約1.5倍、前かがみで座っているときは約2倍にもなります。立っているほうが腰にかかる負担が小さいのは、頭の重みを上半身と下半身で支えるからです。ですから、座っているときも、座骨で座り**浅く腰掛けると下半身も使って頭の重みを支えることがで**

きるので腰が疲れにくいのです。この座り方をしている人はたまにしか見かけませんが、それだけで「この人はできる人だな」と見る人が見ればわかります。

また、背すじを「丸めない」というのは、**上半身を最小限の力でまっすぐにしておく**ことです。背すじを意識的にしっかり伸ばすのと使い分けるようにしてください。

たとえば、長時間椅子に座って仕事をしている場合、疲れをずっしりと感じていたら、背すじを伸ばしたり、お腹を引っ込めたりする気になれなくても無理はありません。ですから、基本は、**疲れにくい座り方を心がける**なかで、適宜ドローインを取り入れるのがよいと思います。ドローインに積極的に取り組むためにも、疲れにくい座り方の基本をぜひ心がけてみてください。電車の中では、深く腰掛けてあえて背もたれを利用し、背中を丸めないようにするのもありです。また、車の座席も浅く腰掛けるのは無理ですから、背もたれをできるだけまっすぐにしてヘッドレストで頭の重みを支えるのが背中や腰が疲れにくい座り方になります。

では、「座位・後傾ドローイン」です。

椅子に浅く腰掛けて座骨で座ったらお腹を引っ込め、背すじを伸ばしたまま体を少し後傾させます。そうすると、108ページの魚肉ソーセージの逆バージョンで、**お腹側に引っ張られてちぎれるような負荷がかかる**のがわかるでしょう。大きく後傾するほど、お腹にかかる負荷も大きくなります。

このドローインでは、伸びをしながらのドローインと同様に、お腹が強めにストレッチされている状態なのでお腹を大きくは引っ込めることができなくてもOKです。**後ろに傾いていこうとするのに逆らうようにお腹を凹ませます**。

お腹を凹ませる力が弱いと、腰がそってしまう形になり、腰が痛くなる可能性もあります。行ってみて腰に不安を感じる人は、無理して行わないようにしてください。

スマホやテレビを見ているときに行ってもいいと思います。体を少し後ろに傾けるだけなので、涼しい顔さえしていれば誰も筋トレしているとは気づきません。

ちなみに、背すじをゆるめるとたるみ改善効果は落ちるかわりに、下腹に効かせやすく、長めに行いやすくなります。

次に、「座位・背中寄せドローイン」です。

4章の若さ度チェックで肩を引く力をチェックしましたが、この**背中の動きとお腹を引っ込める動きを同時に**、できれば椅子に浅く座った状態で行います。

肩を引いて肩甲骨を寄せて背中にできるだけたくさんのしわを寄せながら、お腹もしっかりと引っ込めましょう。

ポイントは、壁を使った基本のダイエットドローインの上半身のポジションを崩さずに行うことです。**肋骨をしめて上腹を引っ込め、胸を突き出さないように**注意してください。

肩を引く動きが苦手で、129ページの「壁押しドローイン」がうまくできない人は、この「座位・背中寄せドローイン」からはじめるとよいでしょう。

「座位・背中寄せドローイン」は、背肉が気になる人や姿勢の改善にも役に立ちます。背中の筋肉を大きく動かしやすく血行もよくなり、背中が軽くなるという人も多いです。長時間行うよりも、短めに、仕事や家事の合間に行うのがおすすめです。

座位・後傾ドローイン

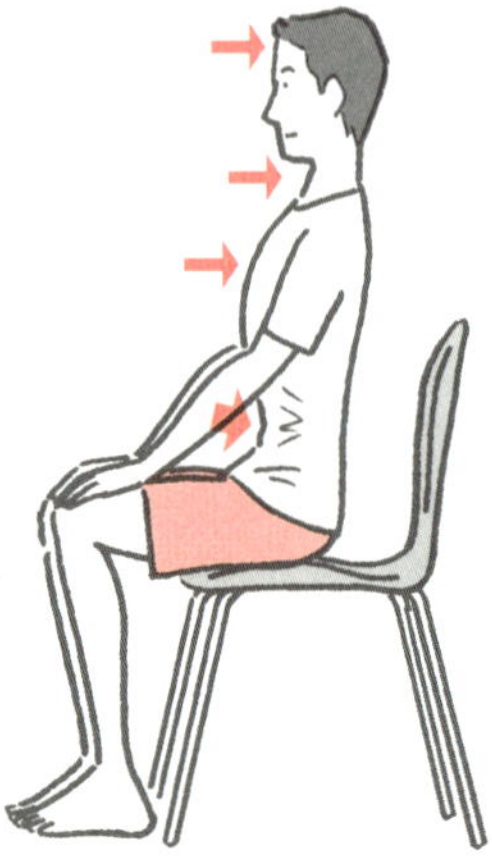

行い方

椅子に浅く座り、背すじを伸ばしたまま、少し体を後ろに倒し、お腹を引っ込める

注意点

腰に不安がある人は無理をしない

ポイント

後ろに倒すほど強度がUP
背すじをゆるめると下腹に効かせやすい

座位・背中寄せドローイン

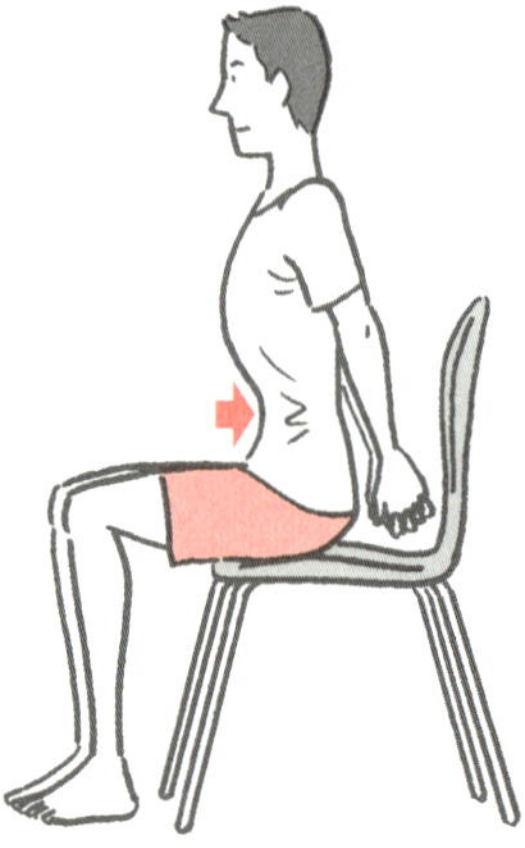

行い方

椅子に浅く座り、後ろで手を組む。肩を引いて肩甲骨を寄せながら、お腹を引っ込める

注意点

基本のダイエットドローインの姿勢で行い、胸を突き出さない

ポイント

短めに行うのがおすすめ

シーン別おすすめドローイン

電車の中で

駅で区間を区切って行いやすいので、電車の中はドローインを行いやすいと思います。お腹から腰周りを引き締めたい人向けの「棒立ちドローイン」と、わき腹を中心に脂肪を落としたい人向けの「こっそり片足バランスドローイン」をご紹介します。いずれも安全のため、つり革かバーなどを軽くつかんで行ってください。

まずは、「棒立ちドローイン」です。おすすめの取り組み方をご案内しますが、実際には引っ込め方などご自分なりに調整していただいてOKです。

見た目のお腹を凹ませたい場合は、基本のダイエットドローインの姿勢を意識しながら、**お腹を10秒ごとにより強く、もっと強く！**というように引っ込めていきます。このとき、同時に**お尻もぎゅーっとしめつけて**いきます。体を縦にした1本の巻きずしとすると、その巻きずしの具を外から握ってつぶすくらいのイメージで腰周りを中心に締めて内側に絞りましょう。**見た目には立っているだけに見えます**が、使っている筋肉が広範囲にわたるので、案外きついです。30秒を2回繰り返したときに、体が熱くなり、汗がにじんでくるくらいなら、体をしっかりと使えています。30秒行ってもまだ続けられるようなら、もっと強く力を入れるようにしてみてください。

脂肪を燃やしたい場合は、消費カロリーをかせぐために、長めに体を締めていきます。30秒引っ込めるのを何回か繰り返すのもよいのですが、これを何回も繰り返すのはけっこうハードなので、個人的にはあまりおすすめしません。駅の区間によって、中距離走的にやや強めに締め続けるか、もしくはMAXの30～50%程度の力加減で長く凹ませ続けるほうが結果的には消費カロリーを増やしやすくなるでしょう。

次に、「こっそり片足バランスドローイン」です。

こちらは、片足で立ち、もう一方の足のつま先を床につくかつかないかくらいに浮かせて、背すじを伸ばしてお腹を引っ込めて電車が揺れてもグラグラしないように体をまっすぐに保ちます。このとき、わき腹がターゲットの人は、上げている足をお尻ごと持ち上げるように意識します。ひざを少しだけ内側に向けるとさらにわき腹に効かせやすくなりますが、お腹を引っ込めることを忘れないように注意が必要です。**電車の揺れを負荷として利用する**形になりますので、腰が弱い人は無理をしないでください。揺れにあらがい片足で立ち続けることで消費カロリーアップを狙えますが、立ち足は適宜チェンジしてください。

片足立ちでお腹と背中の力をバランスよく使えるようになると、颯爽《さっそう》とかっこよく歩くのにも役に立ちます。ちなみに、つま先をついているかついていないかは、人から見てもわからず、見た目にもまったく不自然ではありません。ぐらつきが大きい人は、軽くつま先をついて行うとよいでしょう。

私はちょっと調子に乗って、「こっそり片足バランスドローイン」をつり革なしで行っていて、前の座席の人に向かって倒れこんでしまったことがあります。恥ずかしい思いをしないためにも、安全のためにも、必ず支えを確保して行うようにしてください。

棒立ちドローイン

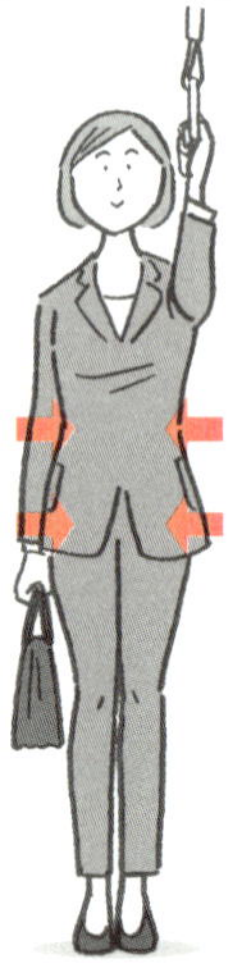

行い方

つり革を軽く持って背すじを伸ばして立ち、お腹から腰周りを締め付ける

注意点

お尻を締めても腰を前に出さない

ポイント

上腹、下腹、腰周りなど、自分が気になるところを中心に締める

こっそり片足バランスドローイン

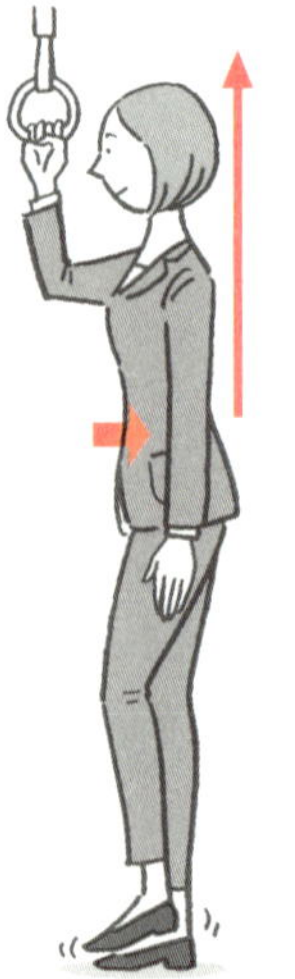

行い方

つり革を持ち、つま先が床につくかつかないか程度に片足を持ち上げる。背すじを伸ばしてお腹を引っ込め、体がグラグラしないように意識して立ち続ける

注意点

腰が弱い人は無理をしない

ポイント

わき腹に効かせたい人は、上げている足をお尻から持ち上げる意識で行う

シーン別
おすすめ
ドローイン

階段をのぼりながら

階段を上がるときにおすすめの「つま先のぼりドローイン」と「かかとのぼりドローイン」を紹介します。両方とも普通に階段をのぼるのにくらべて消費カロリーを増やせますが、効かせたい筋肉が少し変わります。「つま先のぼりドローイン」はお腹全体を引っ込めやすく、「かかとのぼりドローイン」はお尻から腰周りです。いずれも、普通に階段をのぼるよりも少しきつくなりますが、わざわざジムに通うことを考えると、**階段をジム代わりに利用**するのは時間的、費用的にけっこうおすすめです。ちなみに私は、かかとからのぼるのがお気に入りです。

まず、「つま先のぼりドローイン」ですが、階段に着地するときにつま先の付け根に重心をかけて、**つま先で階段を押しながら、上に伸びあがるように**して上がります。このとき、**背すじを伸ばし、お腹を引っ込める力をより意識**します。

言葉で説明すると、バレリーナじゃあるまいしと、なんだかアクロバティックなイメージですが、行ってみると難しくはありません。

つま先重心で階段をのぼっても、腰が落ちているとお腹を凹ませる効果も消費カロリー増加も期待できません。ごまかしが利かないので、普段よりも少しゆっくりとのぼってみましょう。上半身をできるだけ前傾させずに、あくまでも「まっすぐ上」に伸びるようにします。

次に、「かかとのぼりドローイン」です。

背すじとお腹で上半身を上に引っ張り上げながら、かかとに体重をかけて階段をのぼります。

最初は少し不安定さがあるかもしれませんが、すぐに**ぐっとお尻に力が入る**ようになると思います。「かかとのぼりドローイン」は、「つま先のぼりドローイン」よりも上半身が前傾しやすいですが、イメージでは上半身はあくまで上に伸びあがるように意識します。

階段をのぼるとき、ふみ出している側の腰を手で触ると、腰の筋肉が使われているのがわかります。足がしっかり上がっていないと階段でつんのめりやすくなりますから、気をつけます。また、ヒールの高い靴で行うのは危険なので、やめてください。

さて、階段を下りるときですが、つま先だけで下りるイメージで、**体を少し後傾させながらお腹を引っ込めて下りる**と、下腹に効きます。ただし、こちらは上半身の力が足りない人や太りすぎの人ですと、ひざに負担がかかりますので、けっして無理はせずにオプションとして取り組んでいただければと思います。

また、「あとがきにかえて――お腹が凹んで人生が変わった人の実例」で階段を使ってウエストサイズが9㎝も細くなった方のお話を紹介していますが、この方の場合は、「階段つま先のぼり」でも「階段かかとのぼり」でもなく、普通にのぼり下りをするなかで、**背すじを伸ばしてお腹を引っ込めることだけ**を意識されました。オールオアナッシングではなく、「やれることをやれるときに」、この積み重ねが物を言います。

階段つま先のぼりドローイン

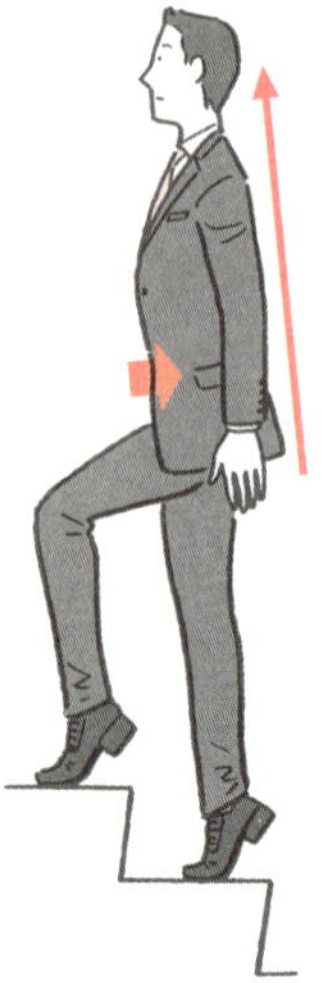

行い方

上に伸びあがり、お腹を引っ込めながら、つま先に体重をかけて階段をのぼる

注意点

上半身を前傾させずに上に伸びる

ポイント

ゆっくりめにのぼる

階段かかとのぼりドローイン

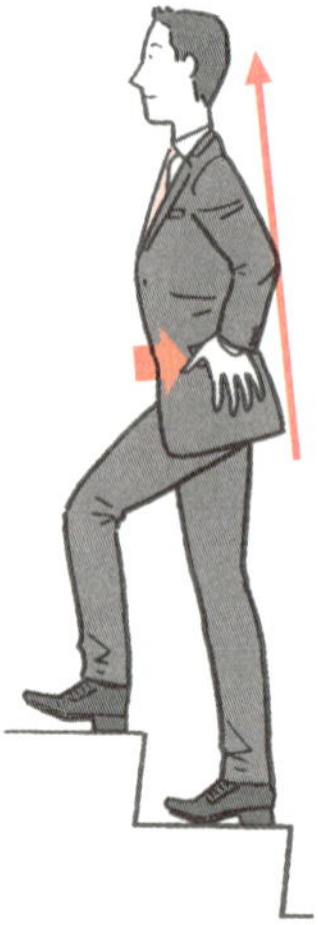

行い方

上に伸びあがり、お腹を引っ込めながら、かかとに重心をかけて階段をのぼる

注意点

腰を落とさないように

ポイント

お尻～腰周りを触って、使っている筋肉を確認してみる

シーン別
おすすめ
ドローイン

歩きながら

新聞などの健康コーナーでの歩き方の解説では、「背すじを伸ばして」「腕を大きく振る」「大股で」「遠くを見る」「つま先を上げて」と、ポイントがたくさん記載されています。

けれど、現実的に考えると、そんなにたくさんのポイントをおさえて歩くのはまず無理です。人は鍛錬せずして一度にそんなにたくさんのことを意識することはできません。「意識して歩く」ということがイメージとは裏腹に簡単ではないことは、モデルさんがウォーキングのレッスンを何時間、何十時間と重ねることからもわかります。

腕を大きく振っているものの、背すじやお腹がゆるんだ状態で歩いている人をよく見かけますが、お腹を凹ませるという意味では、とてももったいない歩き方と言えます。

まず、**いちばん最初に意識すべきは、背すじ**です。94ページで背すじを伸ばすことでお腹の筋肉も使われることをご確認いただきました。背すじをしっかり伸ばして歩くだけでもお腹は凹むのです。ちなみに、背すじがゆるんでいると、腕を大きく振る、大股で歩く、つま先を上げるといったことも、体の使い方として正しく行うことができません。どんな目的で歩くにせよ、**真っ先に体得すべきは、背すじをまっすぐ伸ばして歩くこと**だと覚えておいてください。

なぜすべての歩き方において「**背すじ最優先**」なのか、お腹が凹むにとどまらないその理由をご理解いただくために、ひとつお試しいただきたいと思います。

背すじをわざと丸めた状態で、ひざを少し曲げて片足で立ってみてください。そうしたら、大股で歩きはじめるときのように浮いているほうの足を大きく前に伸ばしてみましょう。上半身が安定しないので、足を大きく前に伸ばしにくいはずです。

では、今度は、背すじをしっかりと伸ばして片足で立ち、同じように大股で歩くつもりで足を前に大きく伸ばしてみましょう。今度は、先ほどよりも足を大きく前に伸ばしやすくなったのがおわかりでしょうか。

歩くときには片足で立って足を前に伸ばして踏み出しますが、

背すじが伸びていないほど体幹が安定せずグラグラする

←

怖いので足を大きく踏み出せずに小股になる

←

足の筋力が衰える

←

転びやすくなる

加齢とともに、このような悪循環にいつの間にか陥ってしまうリスクがあるのです。

背すじを伸ばさないリスクは、長期的なものばかりではありません。私が整形外科で指導をしていたときに、まだ60代前半にもかかわらず、がんばって大股歩きをしたせいで股関節を痛めて来院した人がいました。上半身の安定がよくないまま、大きな歩幅でたくさん歩くほど関節に負担をかけてしまうのです。

以上、歩くときにも**背すじを伸ばすことの重要性**をご理解いただいたうえで、**お腹**

を凹ませる歩き方を身につける現実的なステップを紹介します。

お腹を凹ませたい人は、ともかく今までよりも**意識的にもっと背すじを伸ばす**ことを心がけてください。背すじさえ伸びていればかなり若々しい歩き方にもなりますし、お腹のたるみをとるのにも効果的です。

背すじを伸ばす力が弱い人は、胸を突き出したり、腰がそったり、肩に力が入ってしまうことがありますので気をつけてください。**背伸びをしながら目線を高く保つ**つもりで歩くのがコツです。ラーメンの麺のゆで方で、やわらかめ、普通、固め、バリカタ、というのがありますが、背すじの伸ばし具合も麺のゆで方のように、その日の気分や体調によってコントロールできるようになると、お腹はどんどん凹んできます。

お腹を凹ませたい人が次にマスターしたいのが、**背すじを伸ばして、同時にお腹を引っ込める**ことです。背すじを意識するとお腹がゆるみ、お腹を引っ込めると背すじがゆるみやすいですが、意識して行っていればできるようになっていきますので安心してください。

私の歩き方の講習会では、背すじを伸ばしてお腹を凹ませる練習をするだけで男性だと汗をかく人が少なくありません。歩くことは当たり前の動作ですが、歩き方を意識するだけで、十分立派な運動になります。**背中とお腹を同時に使えるように**なったら、ご自分なりに、さらに歩き方をアレンジできます。

腰痛の改善や気分転換の散歩ならゆっくり歩くのでOKです。血圧が気になるなら心肺機能を高めるべく早く歩くか、階段を早めにのぼるのもよいです。足腰の強化や腰周りの脂肪を落としたいなら、大股で歩きます。

消費カロリーをかせいで脂肪をより多く燃やすなら、長めにまたはこまめに歩きます。下腹の脂肪を落としたいなら、より背すじを伸ばして目線を高くして歩きます。背肉を減らしたいなら、不自然ではない程度に肩を引いて歩くことを意識します。「歩く」という日常の動作を、目的に合わせてカスタマイズすることは、本当におすすめで、望む効果と続けやすさを兼ね備えた、究極の健康法といえます。歩き方をコントロールできるようになると、寝たきりになる不安もなくなり、元気に生きる自信につながると思います。

シーン別
おすすめ
ドローイン

寝る前に布団の中で

腰が弱い人向けの「ひざ立てドローイン」と、下腹や腰周りを引き締めたい人、くびれを作りたい人向けの「ひざ倒しドローイン」を紹介します。いずれもベッドでは体が沈み込んでしまいますので、**布団かカーペット等の上で**行います。

まず、「ひざ立てドローイン」です。

行い方は、ひざを立てた状態であおむけになり、1、2、3、4、5とゆっくりと頭の中で数えながらお腹とお尻を締めていき、1、2、3、4、5でゆっくりと戻します。お尻も締めていくことで、お尻が少しだけ持ち上がる形になります。**ゆっくりと丁寧に筋肉を使う**ことを意識するようにしてください。

これは、昔、ドローインという言葉がなかったときには「骨盤傾斜体操」と呼ばれていた腰痛体操です。

こちらは凹んだお腹を形状記憶させることを目的としていませんので、お腹を凹ませる効果は期待できません。けれど、腰痛があるとお腹を思いきり引っ込めることはできませんから、まず**腰のコンディションを整える**ことを優先するのが順当です。

回数は、寝る前に2、3回行うのがおすすめです。終わった後に痛みがやわらぐような感覚があれば、痛みを感じなくなるまで日々、行いましょう。

このドローインはずっと続けるというよりも、腰痛があるとき、また、腰に疲れがたまっているときに行うのがおすすめなのです。腰の状態がよくなったら、お腹を少しずつ大きく引っ込めていくようにします。注意としては、腰の状態も人によるので、もし痛みがひどくなると感じる場合は行わないようにしてください。

なお、腰の痛みが強いときには、腰痛用のコルセットを使うと、骨折時のギプスと同様に腰椎が固定され、腰が楽になります。ただし、再発を防ぐためにもコルセットに頼り続けるのではなく、お腹を無理なく引っ込めながら、自前のコルセットとなるように筋肉を強化していきましょう。

次に、「ひざ倒しドローイン」です。

基本の体勢ですが、あおむけになって足を肩幅よりも広めに開いたら、両ひざを片一方に倒します。その状態からお腹を大きく引っ込めながらお尻をぎゅーっと締めつけます。そうすると、ひざを倒している方向とは反対側の腰周りの筋肉が使われるのがわかると思います。くびれを作りたい人は、わき腹を意識して行います。また、お尻に力を入れることで下腹を引っ込めやすくなるので、下腹の力が弱い人にもおすすめです。

ポイントは、体を絞りあげるように締めつけることです。寝る前にあまり時間をかけるのもなんですので、**短時間に強く締めつけて疲れたらおしまい**、というのがいいと思います。反対側にもひざを倒して同様に行います。なお、お尻を大きく持ち上げるほどお尻の筋肉を使うので、ターゲット箇所を中心に低めの位置で締めるのがポイントになります。

ウエストから腰周りだけを締め、足や上半身には力を入れないように気をつけましょう。

さて、この「ひざ倒しドローイン」には、もうひとつおすすめの行い方があります。お腹とお尻に力を入れずに、**ひざを横に倒して脱力した状態でストレッチ**をするだけで腰の疲れをとる効果があるのです。

足の幅を変えると腰の伸び方が微妙に変わりますので、ご自分にとって気持ちのよいポジションを見つけてください。左右行ってみて気持ちがよいほうがある場合は、気持ちよいと感じる側をとくに時間を決めずにゆったりと長めに伸ばします。

私は、腰が痛かったときに様々なストレッチを試しましたが、どれもあまり芳しくなく、試行錯誤した結果、この体勢で伸ばすのがいちばん気持ちがよいと感じました。今でも、腰が疲れたときに行っていますが、寝る前に行うと次の日の体の軽さが違います。

あまり見慣れないストレッチかと思いますが、指導した生徒さんたちにもとても好評です。普段腰に疲れがたまりやすい人は、ひざ倒しストレッチもぜひ試してみてください。腰周りを締めるのか、腰の疲れをとるのか、目的に応じて上手に使い分けていただければと思います。

ひざ立てドローイン

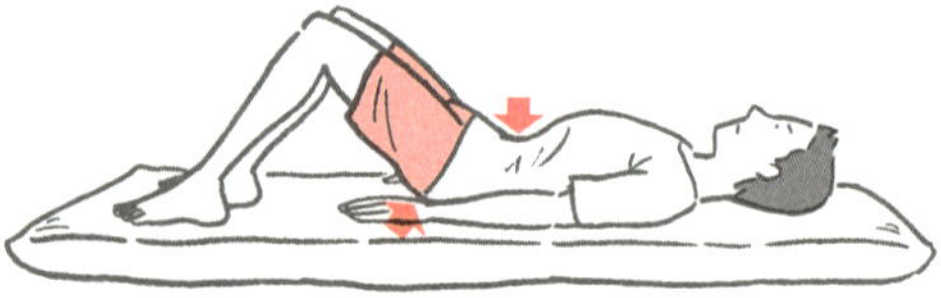

参考動画

※動画を見なくてもできます

行い方

ひざを立てた状態であおむけになり、1、2、3、4、5と頭の中で数えながらお腹とお尻を締めていき、1、2、3、4、5でゆっくりと戻す

注意点

もし痛みがひどくなると感じたら行わない

ポイント

強く力を入れるのではなく、ゆっくりと丁寧に筋肉を使うよう意識する

ひざ倒しドローイン

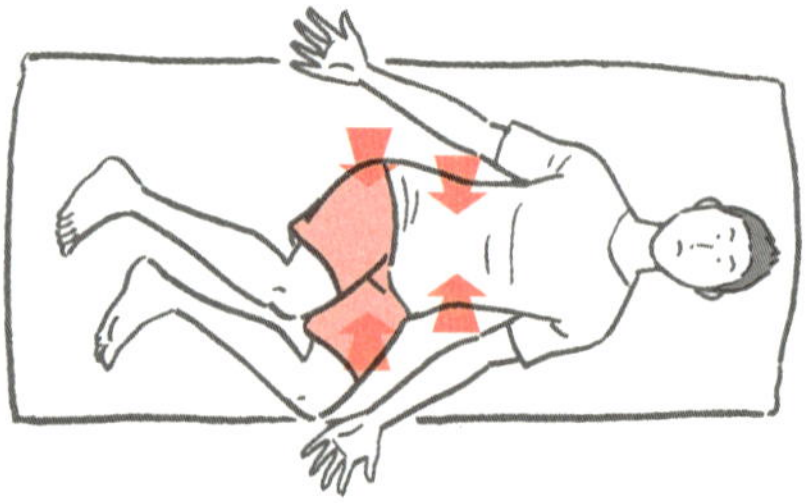

参考動画

※動画を見なくてもできます

行い方

あおむけで足を肩幅より広く開いてひざを倒したら、お腹とお尻をぎゅーっと締めつける

注意点

お腹や腰周り以外には力が入らないように

ポイント

お尻を小さくしたい人以外は、お尻を持ち上げすぎない

コラム　マイナス5歳の顔になる

お腹を凹ますと同時におすすめしたいのが、フェイスエクササイズです。あごのラインにシャープさがなくなってきた、首にしわが増えたかな、そんな実感がある人はフェイスエクササイズを行う価値大です。1週間で、変化を感じると思いますよ。

では、シンプルでおすすめのフェイスエクササイズの行い方を説明します。

あごからほおに手のひらをあて、声を出さずに「あー」とできるだけ大きく口を開いてみてください。顔の筋肉がリフトアップするように動くのかわかると思います。同じ要領で、「あー」「いー」「うー」「えー」「おー」と、できるだけ大きく口を開く。これだけなのですが、極意は自分の顔のなりたいあり方を意識して動かすことです。

顔の筋肉のコントロールができるようになってきたら、後ろで軽く手を組んで、後ろにのけぞった状態で行うと、首のしわ改善にもより効果的です。顔の筋肉を大きくしっかり動かすことでたるんでいた筋肉がしまり、顔つきにハリがでます。ぜひ、トイレやお風呂の中で行ってみてください。

5章
「1日1分で腹が凹む」を自動化する

まとめ

▼1日1分でもジム以上の運動時間になる

▼凹ませたいところを中心に意識しながら、お腹を引っ込める

▼日常生活でのドローインはリバウンド知らず

6章

最短で
脂肪を落とす
正しい方法とは?

脂肪を落とすには運動がいい？

運動で脂肪を落とすには時間がかかります。なぜなのか、その理由をお話ししていきます。

人の体には**脂肪のつきやすい箇所と、つきにくい箇所**があり、まんべんなく太るわけではありません。

よく使う手首や足首、そして肩や背中のように、重力などの負荷がかかり続ける箇所から太ることはなく、お腹やお尻、内もものように、意識しないとあまり使わずにすんでしまう箇所ほど形は崩れやすく、脂肪もたまります。

ボディラインが局所的に崩れて脂肪がつくのは筋肉の衰えが原因なのに対し、**全身が太っている場合は**、病気や薬の副作用など特殊な例を除き、基本的には**食べ過ぎ**ていることが原因です。

ですから、食べ過ぎている人が全身やせを考えるなら、食生活を見直すのが最適なアプローチと言えます。食生活を変えたくない場合には、運動により消費するエネルギーを増やすというアプローチができますが、食事で減らすのとくらべると、運動で消費するエネルギーは思いのほか大きくないため、どうしても時間は要します。

「メッツ」という値を使うと、運動で消費するエネルギーを簡単に算出できます。参考にしてみてください。（※実際に消費するエネルギーには個人差があります）

メッツは安静時を1として、生活活動や運動のエネルギー代謝量が何倍かを示す値です。たとえば普通に歩くと3メッツ、早歩きは4～5メッツ、時速8㎞で走る場合で8メッツです。

生活活動や運動で消費するエネルギーを算出するには、このメッツに自分の体重をかけます。たとえば、体重70kgの人が、5メッツの早歩きを1時間行った場合、消費するエネルギーは70×5＝350キロカロリーです（安静時代謝を含む）。

1時間の早歩きはけっこう大変なので、半分の30分とすると、175キロカロリーです。これは、**甘い炭酸飲料を飲んでいる人なら、無糖のお茶にすれば**30分の早歩きをしなくて**すんでしまう**エネルギーです。

このように食事で摂取エネルギーをおさえるのは、運動のように時間はかからないという意味で、全身やせなら運動するよりも食事のほうが手っ取り早いのです。

メッツ	活動内容
1	安静時
1.3	座ってテレビを見る　横になって読書する　性行動（キス等、楽な労力）
1.5	入浴（座位）
1.8	立って会話する　立って読書する　性行動（ほどほどの労力）
2	歩行（3.2km/ 時未満）　座位での軽作業
2.3	ストレッチ（ゆったり）　買い物　高齢者の介護（食事介助等）
2.5	日常の軽作業　ヨガ（ハタヨガ）
2.8	いろいろな家事を同時にこなす（楽な労力） 軽めの筋トレ　性行動（きつい労力）
3	歩行（4.0km/ 時）　ダンス（ゆっくり）
3.5	歩行（4.5〜5.1km/ 時）　楽に自転車に乗る　階段を下りる いろいろな家事を同時にこなす（ほどほどの労力）
4.0	ゆっくりと階段をのぼる　パワーヨガ　高齢者の介護（入浴介助等）
4.3	歩行（5.6/km 時）　いろいろな家事を同時にこなす（きつい労力）
4.9	ドローイン歩行（4.7km/ 時）
5.0	サーフィン　バレエ　ダンス
5.8	自転車（15.1km/ 時）
6.0	ゆっくりとしたランニング（6.4km/ 時） 水泳（のんびり泳ぐ）　ウエイトトレーニング（高強度）
8.3	ランニング（8.0km/ 時）
8.8	早く階段をのぼる
9.8	ランニング（9.7km/ 時）
10.3	武道・武術（柔道、キックボクシングなど）
11	ランニング（11.2km/ 時）
16	ランニング（17.7km/ 時）

筋肉をつければやせる？

筋肉をつければやせる、ということは、30年以上前から言われています。理論的には、筋肉をつけることで基礎代謝が上がり、何もしていなくても脂肪を燃やす体になれるというものです。

トレーニング雑誌などではもはや「常識」的に語られる話ですが、私はこの理論は**うのみにしないほうがよい**と思っています。なぜなら、理論はともかく、実際に**筋肉をつけてもやせないのを長年この目で見てきましたし、私自身も身を持って痛感したから**です。

インストラクターとして駆け出しの時代、やせたいなら筋肉をつければいいと先輩から教えられ、ボディビルジムで週に3、4日、約2時間の筋トレをしましたが、女子プロレスラーのようにむっちりした感じで、ウエストもむしろ太くなりました。いつか細くなると信じて続けましたが、1年以上たっても、努力は報われませんでした。

そして長年の指導経験をふまえ、私自身の結論としては、**筋肉をつけることと脂肪を落とすことは、別々**のことと考えるようになりました。

ボディビルダーの知り合いがいるのですが、彼は「僕、冬はただのデブですから」と自虐的に言い、実際に食事制限をしていないときの体型はプロレスラーのようです。年間を通してトレーニングに励み、筋肉がついているにもかかわらず、脂肪がのっている時期があるということです。コンテスト時の脂肪のないキレキレの体は直前の食事制限によるものと考えるのが妥当と思います。

お笑いコンビ「オードリー」の春日俊彰さんはマッチョな体で知られていますが、彼のように、つねに脂肪が少ない体つきをしている人は、**高たんぱく質、低脂肪の食事で、普段からかなり気を使っている**のだと思います。

筋肉をつけるのか、脂肪を落とすのか、**目的によって適切なアプローチ**をとるようにしてください。

体幹トレーニングではやせない？

体幹トレーニングはサッカーの長友佑都選手が行っていることもあってブームとなり、今ではアスリートから学生、トレーニング好きな男女の間では定番のトレーニングとなりました。お腹が凹むという触れ込みではじめたものの、今はやっていない、そんな人は少なくないかもしれません。**やめた理由は、意外と時間がかかる、きつかった、なんとなく……といろいろ**なようですが、つまりは期待するほどの**効果を得られなかった**からではないでしょうか。

体幹トレーニングでは、バランスをとる際に結果的にお腹周りを締める力が使われるので、やらないよりはお腹を凹ませる効果はあります。

しかし、体幹トレーニングの目的はお腹を凹ませるためのものではなく、体幹を安定させることでスポーツ時のケガや腰痛の予防とスポーツのパフォーマンス向上が目的です。体幹トレーニングは全身を使うため、全般的に運動強度が高く、お腹に力は入るものの、お腹を引っ込めながら行うのは至難の業でもあります。

とくに、非常にバランスをとりにくいポジションでお腹を引っ込めようとすると、お腹を意識するどころか、グラグラしてしまってなかなかうまくできません。お腹を凹ませる形で使いにくいのは、ぐらつく丸太に乗ってお腹を引っ込めるのが難しいのと同じです。難易度が高い＝腹を凹ませる効果が高いのではないのです。50代以降の男性から、**無理にバランスをとろうとして腕や肩などの関節が痛くなってしまった**というお声を聞くことがありますので、ご注意いただきたいと思います。

有酸素運動はどのくらいやればいい？

私はどんな運動でも食事でも**やり過ぎず無理なく行うこと**をすすめていますが、別に性格が優しいから言うのではなく、**そのほうが、圧倒的に勝率が高い**からなのです。**有酸素運動もやり過ぎに注意**するほうがよいと思います。リバウンドやお腹がたるみやすくなるからですが、まずは有酸素運動のダイエット効果について考えてみます。

短距離ランナーと長距離ランナーの体型はまったく違っています。同じ走るにもかかわらず体型がまったく違うのは、瞬発的に強い力を出すのと、持久的に力を出し続けるのと、筋肉の使い方が違うからです。**脂肪を減らしたいのなら、持久的に筋肉を使う長距離や中距離ランナーのような筋肉の使い方**のほうが刺激の仕方として正解といえます。

ただし、有酸素運動が**脂肪を減らす運動として効果的であることと、お腹やせ目的のダイエットとしてうまくいくかどうかは、別の問題**であることも知っておいてください。

どういうことかと言うと、まず、有酸素運動でやせるのには**時間がかかるため、成果が出る前にやめてしまう**人も少なくないのです。

たとえば体重70kgの人が毎日30分の早歩き（時速4・7km）をはじめた場合、脂肪1kgは7000キロカロリーに相当しますので、消費するのに約2か月かかります。毎日30分のジョギング（時速6・7km）なら約1か月かかります。時間と労力をかけて減った1kgも、全身まんべんなくやせるので、お腹はたいして凹まず、がっかりしがちです。

さらに、**有酸素運動を行うと食欲が増進**します。有酸素運動は全身運動であり食欲が出るので、ついつい食べ過ぎてしまいやすいのです。たとえば缶チューハイ1本で30分の早歩きがチャラです。汗をかいた後のビールを楽しみにスポーツクラブに通う男性が、体調はよくなれど、いつまでたってもやせないのも無理はないのです。

ジョギングも、趣味で楽しんで行っているなら話は別ですが、忙しい人が日々続けるのはけっこうな負担があると思います。時間のかかる有酸素運動は、転勤や転職、子どもが生まれる、家族の病気、親の介護といった様々なライフサイクルにより続けられなくなりやすいでしょう。そのため、ダイエットのために行うことは、**意外にリバウンドリスクが大きい**のです。

最後に「たるみリスク」です。運動でやせると健康的にやせるというイメージがありますが、有酸素運動であっても**やり方を一歩間違えればたるみます**。

20代の女性が結婚式に向けて3か月間毎日走ったら、体重は大幅に減ったのですが、**お腹がおばあちゃんのようにしわしわに**たるんでしまいました。理由は、短期間に脂肪を落とし過ぎたためです。40代以降であればなおさら、若いころとくらべると体はたるみやすくなります。

有酸素運動はやりすぎないほうがいい理由をわかっていただけたでしょうか。

有酸素運動で部分やせできる？

有酸素運動を行っているのに、お腹周りの脂肪が落ちなくて困っている人は、**有酸素運動中の姿勢とお腹の凹ませ方を見直す**ことでお腹の悩みはすみやかに解決できるはずです。

某有名雑誌のモデルさんを指導したときのケースで説明します。

彼女は職業柄、食事はかなり気を使ったヘルシーなもので、1日おきに約40分のジョギングを行い、それでも下腹が凹まないので、下腹に効くと教えられた筋トレにも励んでいました。洋服を着ているとまさにモデル体型なのですが、彼女のお腹を生で見せてもらったところ、確かに下腹だけ出て、脂肪もついていました。もちろん、一般女性から見ると「何をぜいたくな」という程度ですが、上腹からおへそくらいまでが細すぎるくらい細いために、下腹のわずかな出っ張りと脂肪が目立ってしまっているのでした。彼女に下腹を引っ込める動作をしてもらったところ、案の定、動きがよくありません。

モデルさんだけあって、背すじはきれいに伸びているので、肩を軽く引く動きと同時に下腹を引っ込める動きを練習し、走るときに今までよりも肩を引いて下腹までできるだけ引っ込めることを意識して走るようにアドバイスしました。

早く走ることよりも、肩と下腹を意識することを重視して走ってもらった結果、**2週間ほどで彼女の下腹は凹み、目立っていた脂肪もきれいに消えてしまいました**。

有酸素運動を行っているのにお腹の脂肪が落ちない人が見直すべきなのは、**運動強度を下げてでも脂肪が気になる箇所を使って有酸素運動を行う**ことなのです。

ラジオ体操でイメージしてみましょう。ゆったりとしたテンポでのラジオ体操では、より大きな動きで体をしっかりと動かすことができます。ところが音楽のテンポが速くなるほど、ついていくのが精いっぱいになり、息は上がって心肺機能が少し刺激される反面、筋肉の動きは小さくならざるを得ません。**何を重視するかで、同じ運動でも行い方は変わってくる**のです。

これは、ウォーキングや水泳など、すべてに共通して言えます。

有酸素運動をしているのにお腹が凹まない人は全体を意識、たるみが気になる人は背すじを伸ばすことを意識、というように、ご自分の目的に合わせ、カスタマイズして行うようにしてみてください。

何となく1時間歩くよりも、ターゲット箇所を意識しながら10分歩くほうがお腹の悩みを解決するのにはるかに効果的です。筋力や筋持久力がついてくると、同じ時間でも楽にできるようになっていきます。できるようになった結果として、お腹はさらに凹むのです。

食事でやせるとしぼむ？

食事でのダイエットには、落とし穴が3つあります。

①　食事だけのダイエットではお腹のアウトラインは変わらない。

メタボなお腹ならお腹のアウトラインそのままに凹み、下腹が出ているなら、下腹ぽっこりのアウトラインのまま凹みます。女性なら、寸胴《ずんどう》なお腹がいきなりきゅっとくびれたりはせず、寸胴のまま細くなるのです。お腹の**アウトラインを変えるなら、**どのような形に変えるのか、**筋肉への適切なアプローチが不可欠**なのです。

②　食事だけのダイエットでは狙った箇所の脂肪を落とせない。

テレビ番組『タモリ倶楽部』の冒頭で女性のたくさんのお尻の映像が流れますが、お尻の大きさや形など個性があるのがよくわかります。お腹もお尻と同じで、形だけでなく、脂肪のつき方は人それぞれです。くり返しになりますが、ターゲットとする箇所の脂肪を落とすには、まず気になる箇所の**筋肉を使えるようになること**、そして使えるようになった筋肉を**持久的に長く、またはこまめに刺激**する必要があります。

③　食事だけでダイエットすると、太りやすく、やせにくくなる。

食生活はあまり変わっていないのに昔とくらべて太りやすくなった、また、食事に気をつけてもやせにくくなったと感じている人は少なくないでしょう。

基礎代謝表

性別	男性		
年齢	基礎代謝基準値（kcal/kg体重/日）	参照体重（kg）	基礎代謝量（kcal/日）
1～2（歳）	61.0	11.5	700
3～5（歳）	54.8	16.5	900
6～7（歳）	44.3	22.2	980
8～9（歳）	40.8	28.0	1,140
10～11（歳）	37.4	35.6	1,330
12～14（歳）	31.0	49.0	1,520
15～17（歳）	27.0	59.7	1,610
18～29（歳）	24.0	63.2	1,520
30～49（歳）	22.3	68.5	1,530
50～69（歳）	21.5	65.3	1,400
70以上（歳）	21.5	60.0	1,290

性別	女性		
年齢	基礎代謝基準値（kcal/kg体重/日）	参照体重（kg）	基礎代謝量（kcal/日）
1～2（歳）	59.7	11.0	660
3～5（歳）	52.2	16.1	840
6～7（歳）	41.9	21.9	920
8～9（歳）	38.3	27.4	1,050
10～11（歳）	34.8	36.3	1,260
12～14（歳）	29.6	47.5	1,410
15～17（歳）	25.3	51.9	1,310
18～29（歳）	22.1	50.0	1,110
30～49（歳）	21.7	53.1	1,150
50～69（歳）	20.7	53.0	1,100
70以上（歳）	20.7	49.5	1,020

日本人の食事摂取基準（2015年版）

これは、おもに基礎代謝が関係していると考えられます。摂取カロリーが大幅に減るような食事でのダイエットによっても基礎代謝は低下します。

たとえば、収入が大幅に減れば支出を減らして節約せざるを得ないように、摂取カロリーの減らし方を極端にすればするほど、体が消費するエネルギーを節約する傾向を強めたとしても、それはむしろ自然なことと考えられます。

同じ5kgやせるのでも、**1年かけてゆっくりやせるのと1か月でやせるのでは、まったく話が違ってきます**。健康診断前になると数値をよくしようと食事を大幅に制限する。そんなことを毎年繰り返している人では、年々やせにくくなってきた実感があるのではないでしょうか。せっかくの努力が水の泡どころか、太りやすい体質づくりになってしまうのでは笑えません。

また、とくに40代以降になると「お腹のたるみ」リスクはぐんと大きくなります。食事制限に頼ったダイエットでは、カッコいいお腹になるというより、**しぼんだ体になりかねないので注意**したいところです。

カロリー制限でやせないのはなぜ？

食べ過ぎている人が摂取エネルギーを減らすのは、ダイエットとして合理的かつ効果的な方法です。ただし、お伝えしておきたいのは、**カロリー計算では説明のつかないこともある**ということです。

あるテレビ番組で取り上げられた「1日にコップ2杯の青汁だけで生活している」という女性にお会いしたことがあります。彼女はやせているどころか、ややふくよかな体型でした。NASAの調査に協力されたそうで、なぜたった2杯の青汁で生きていられるのかを多角的に調べたものの解明できず、ただひとつわかったのは、彼女の腸内には**普通の人にはいない特殊な腸内細菌が存在**しているということでした。

私はこれまで幾度となく「食べないわりにやせない」という人から相談を受けてきましたが、カロリー計算だけでは説明ができないことがあるのは確かです。医師やダイエットトレーナーには「やせるのは簡単！　摂取カロリーよりも消費カロリーを増やせばいいだけ」と断言する人もいますが、**遺伝的な要素を含め、人の体はそこまで単純ではない**ようです。

そもそも、栄養成分表に掲載されているカロリーはあくまでサンプルとなった食品でとられた数値であり、食肉などの食品では個体差や季節変動も大きくなります。また、消費カロリーも同様です。ベースとなるデータから算出しているので個人差があるのは当然で、そこまでは計算のしようがありません。

さらに同じものを食べても、胃の消化能力や腸での吸収能力、インスリンの感受性、まだ解明されていない腸内細菌、肥満に関与しているホルモンや遺伝子のことなど、人が太ったりやせたりするメカニズムは単純ではありません。むしろまだわかっていないことばかりです。

食べても太りにくい人、たいして食べていないのに太りやすい人がいるのも紛れもない事実なのです。

以上のような話をふまえたとしても、**摂取するカロリーを自分でコントロール可能**な「カロリー制限」は、ダイエットの基本的なアプローチと言っていいでしょう。留意するなら、**続けられずにリバウンドしてしまうような無理な制限はしないことが肝心**と思います。

食べ過ぎが明らかな人は、ドローインに加えて食事を見直せば、**よりスピーディにお腹の脂肪を減らすことも可能**です。

糖質制限は完ぺきにしたほうがいい？

あくまでダイエットが目的でしたら、**カロリー制限でも、糖質制限でもどちらでもよい**と思いますが、血糖値に問題のない人がダイエット目的で極端な糖質制限を行うことは、正直、おすすめしません。

糖質を極端に抑えると体重が減るペースが早い一方、リバウンドしやすいだけでなく体調を崩す人もいます。糖質を悪者扱いするような意見もありますが、そもそも体重がみるみる減るということは、本来、生き物として健全な生理現象とは言えないはずです。やせることばかりに気を取られてしまって、**みるみるやせることはむしろ怖**

いことであるという社会的な認識が圧倒的に足りない気がします。

ソフトな糖質制限では、思ったよりもやせないとがっかりした人も少なくないようですが、本来、糖質制限をすすめられるのは、血糖値が高い人です。血糖値が正常値の人は、やはりソフトなやり方にとどめるほうがよいと思います。

糖質制限で大幅にやせると、お腹がたるんでしまうリスクも大きくなるからです。

派手なCMで一躍有名になった個人指導のジムでは、糖質を減らすことで短期間に体重を落としているため、たるませないために、ハードな筋トレとプロテインで筋肉をつけるという手法をとっています。そのCMのビフォー・アフターで、ビフォーは上半身裸なのに、アフターでは洋服を着ていたタレントさんが何人かいたことに気がついた方がいるかもしれません。洋服を着ていた理由は、お腹がたるんでしまったからと考えるのが妥当でしょう。

あくまでダイエット目的で糖質制限をするならば、お腹をたるませないためにも「ソフトな制限」にとどめて**時間をかけてゆっくりやせるのが賢いやり方**と思います。

プロテインっていいの？

「プロテインっていいですか？」と聞かれることがあります。

いいかと聞かれれば、食生活には自信がある！という人以外には、**基本的におすすめ**できます。人の体は、水とたんぱく質でできているといっても過言ではありません。基礎的な栄養が足りないと筋肉がやせてしまいます。**ダイエットのサプリメントにお金をかけるのにくらべると、プロテインを飲むほうが費用対効果は高い**と思います。

私もかれこれ**30年近くプロテインを飲んでいます**が、一時期プロテインを飲み忘れたことがありました。私の場合は、あれ？最近、髪の毛が少なくなった？と感じることがあり、そういうときに限ってプロテインを飲むのを忘れていて、プロテインを飲むと髪の毛にハリが出る感じがしました。最初は気のせいかと思いましたが、幾度となくそういうことがあり、なるほど**髪の毛もたんぱく質でできているのだな**、とあらためて実感するようになった次第です。髪の毛に限らず、皮膚も筋肉も内臓も、体の組織はたんぱく質でできていますので、体つきがしぼんできた実感がある人も、飲んでみるとよいかと思います。

知っておきたいのは、**プロテインを飲むだけで筋肉がつくわけではない**、ということです。もし筋肉を太くしたいなら、プロテインを飲むだけではなく強度の高い筋トレが必要です。

脂質や糖質を減らす代わりにプロテインをとるのはおすすめできますが、すでに十分**栄養が足りている人がプロテインを飲みはじめて太る**こともあります。必要かどうかは、ご自身で判断してください。

プロテインの飲み方や選び方についても、少しお話ししておきます。

まず、プロテインの飲み方ですが、プロテインを食事代わりに飲むなら、1日1食までがよいです。プロテインはたいてい1食100〜300キロカロリー以内ですから食事に置き換えると大幅なカロリー減になります。1日2食以上を置き換えるような食生活はまず続けられず、短期間に大幅にやせた反動で、ダイエット前よりも太ってしまう人も少なくありませんので、気をつけたいところです。

飲むタイミングは、食事に置き換えるなら、忙しい朝がおすすめです。意外にお腹にたまるので、間食代わりに飲むとか、夕食を食べ過ぎてしまいやすい人なら夕食前に飲むのも、賢い取り入れ方になります。

選び方ですが、プロテインには大きく、主原料が大豆たんぱくのもの（ソイプロテイン）と乳清たんぱくのもの（ホエイプロテイン）があります。本格的に筋トレを行っている人はホエイプロテインを好みますが、**味で選ぶのが続けやすい**と思います。

プロテインの味は、基本的にたんぱく質の含有量で左右され、たんぱく質含有量が低くなるほど味はおいしくなる傾向があります。**たんぱく質の含有量は70％以上のものがおすすめ**ですが、80％以上になると多少飲みにくいかもしれません。食生活が偏りがちな人は、カルシウムなどの微量栄養素も入っているものを選ぶとよいでしょう。

プロテインは粉末を水や牛乳でとかさなくてはいけないので、外では飲みにくい面もあります。コンビニで販売されている**プロテインドリンクも、下手なジュースよりおすすめ**です。味もけっこうおいしいので、よかったら試してみてください。

ダイエットのストレスを減らすには？

ダイエットが成功する人と失敗に終わる人の差は何なのでしょうか。

いろいろな考え方はあるでしょうが、私は**「ストレスの程度の違い」が成否を分けると**考えています。何をするにしても時間的、肉体的、精神的、金銭的、いずれのストレスも小さければ小さいほどうまくいきます。

30分の早歩きをはじめることを例に考えてみましょう。

毎日30分歩いていれば、脂肪が永遠に減るわけではありません。体重が減らなくなり安定する時期が必ず来ます。目標とする体重に至る前に減り止まったときには、次なる手を打つ必要があるのです。にもかかわらず、これ以上は減らないと思ったとたんに、それまで続けていた30分の早歩きをやめてしまうケースがよくあります。30分の早歩きによってやせたぶんは、やめてしまえば元の木阿弥《もくあみ》です。つまり、やせたい一心で無理にがんばって歩いていたのか、さほどのストレスを感じずに歩いていたのかによって、**リバウンドするかしないかの分かれ道**になるのです。

もし30分よりも長く歩くことにストレスを感じないようなら、歩く時間を長くする方向でもよいと思います。けれどももし、早歩きを続けるのはつらいと思ったら、その時点で軌道修正してください。

お腹を凹ませたいなら、わざわざ歩く必要はありません。体重を減らしたいなら、**運動することに固執せず**に、牛乳を普通牛乳から低脂肪牛乳にしたってよいのです。ごはんが大好きな人は、ごはんを減らすのではなくごはんを食べるために、お酒が好きな人ならお酒を減らさないために、何ができるか。

ゲームを攻略するような発想で、**無理なくできること**を積み重ねれば、脂肪をさらに減らすことができます。

問題解決能力が高い人は、何かを解決しようとするときにたくさんの選択肢を持っています。その気になれば脂肪を落とすアプローチはそれこそ無限にあります。人のまねをしたら自分もうまくいくとは限りません。あくまでも自分にとって、いかにストレスのない取り組みができるかが勝負なのです。

6章

最短で脂肪を落とす正しい方法とは？

まとめ

▼運動でやせるのは時間がかかる

▼体幹トレーニングだけで理想のお腹になるのは難しい

▼筋肉をつける＝脂肪が落ちる、ではない

▼有酸素運動は行い方に注意

▼脂肪の量が多く、体重も落としたいなら、食事の改善が有効

▼ストレスがないダイエットほど成功率が高い

あとがきにかえて
お腹が凹んで人生が変わった人の実例

最後に、お腹を凹ませることで人生が変わったという人たちの話を紹介させていただきます。

私が企業のフィットネスルームに出張する形で指導をしていたとき、当時、50代後半で中肉中背体型のYさん（男性）から相談を受けました。歩数を記録するイベントに参加して目標の歩数はなんとかクリアしたけれど、お腹はたいして凹まなかった。定期的にフィットネスルームにトレーニングに来ようにもなかなか時間はとれない。1日1万歩を歩いても成果が感じられなかったので、正直、歩くモチベーションがなくなってしまったとのことでした。

Yさんはそのビルの13階にお勤めでしたので、エレベーターをやめて階段にするのはどうですか？　とお聞きしたら、「それならできそうだけど……」とやや気乗りしない様子でしたが、お腹をぐっと凹ませてのぼ下りすることをアドバイスさせていただだきました。

Yさんはすぐに手ごたえを感じたようで、顔つきが俄然明るく、やる気になったのがわかりました。13階まで階段を使ったとしても、時間にすると5分ほどです。それでも1か月後にマイナス4cm、2か月後にさらにマイナス2cm、3か月後にはさらにマイナス1cm、1年後にはさらにマイナス2cmと、計9cmもサイズダウン。体重も少しずつ減って、結局1年で4kg減ったのでした。ズボンはすべて買い替えることになり、奥様からは感心されながらも、「家計に痛手だわ」と小言を言われてしまったと笑っていました。ちなみに、体が軽くなっただけでなく、お尻が上がった実感があり、ズボン丈は1・5cm長くなったとのことでした。

「食事にも気をつけたのですか？」と聞いたら「いや、階段だけですよ。食べるものを減らすのがイヤで、運動しようと思ったわけだから。今では駅でも基本は階段ですよ」と、階段を目の前にすると、使わずにはいられなくなったご様子でした。Yさんのお尻が上がったのは、姿勢がよくなったことと、階段を使うことでお尻の筋肉を使うようになったからだと思います。

Yさんと話をしていてお上手だと思ったのは、社内の移動など、時間的に急ぐ用事のときには迷わずエレベーターを使うようにした、というところです。絶対にエレベーターは使わないなどと義務にするとやはりストレスになりやすいですから、こういうちょっとした心持ちが成否を分けるものです。方向性さえ決まれば、男性はご自身で臨機応変に対応する能力が高いように思います。

Kさん（50代前半・男性）は、健康保険組合が主催した私の「お腹やせ講座」を受講したときに、なんとウエストがその場で16㎝もサイズダウンし、その日の参加者の中でいちばんの成果を上げた方でした。後日、わざわざメールをくださったのですが、学生時代には細身の野球青年だったのに、就職や結婚を機にいつしか引退したプロ野球選手さながらの太鼓腹になってしまったのだそうです。

営業職なので、飲まないわけにはいかないし、思い立って腹筋運動や体幹トレーニングをやっていた時期もあったけれど、なんとなくやめて放置状態だったとのこと。お腹を引っ込めるだけで、お腹がいきなり凹んで本当に驚いたそうです。

実は、Ｋさんからメールがあったのは、講座受講直後はサイズが16㎝細くなったのに、１週間後には５㎝戻ってしまったのだけれど、やり方が悪いのでしょうかというご相談でした。

講座では集中的にお腹を凹ませる練習をしたので、「多少の戻りがあっても大丈夫。日々、壁を背にして基本の姿勢を確認することと、お腹をより大きく引っ込めるときと長めに引っ込めるときと、行い方にメリハリをつけるとよいですよ」とアドバイスしました。

長めに引っ込めるのは、お客さんと話をしているときに引っ込めておくといいのではないでしょうかと提案したところ、「商談中は気が散ってそれは無理」ということで、外回りで歩いているときに心がけるようにしたそうです。

まず、お客さんのところに出向くときは必須として、商談がいい方向に進まなかったときには、ペナルティーとして帰りも凹ませるようにしたといいます。Ｋさんは、ウエストサイズが講座参加前とくらべると18㎝細くなり、体重は２㎏減ったとのことでした。若かりしころの体型にはまだ遠いものの、Ｌサイズのワイシャツのボタンがはち切れん勢いだったのが、見た目にお腹がぐんと凹んで満足しているご様子でした。

Kさんのように、ウエストサイズが激減したのに体重がさほど落ちないのは、まったく珍しくはなく、どういうわけか体脂肪率が変わらないこともよくあります。お相撲さんは体脂肪率が意外に低いことを考えても、体重や体脂肪率にはこだわり過ぎないほうがよいと思います。いくら体重が減ってもお腹がたるんでしまうのは残念ですし、体のハリを保ったまま見た目に凹めばともかくは気分がよいようです。

何がイヤかといえば、出っ張ったお腹のせいで男性器が隠れて見えないことほど自己肯定感が下がることはないと、聞いたことがあります。


大好きなワインを控えても下腹は凹まないと嘆いていたかなり細身のIさん（30代前半・男性）は、ワインをやめることなく見事に下腹だけ凹みました。

お話を聞いても、まったくもって食べ過ぎているわけではありませんでしたから、無理してワインをやめたりしなくて正解でした。その方が行ったのは、60ページで紹介したエクササイズを1日に1回30秒×2セットだけです。

女性の体験談はこれまでの著書でも紹介してきましたが、「奇跡のくびれ」とほめられる私のお腹よりもずっときれいなお腹になった2人の女性は、とくに衝撃的でした。何が衝撃的だったかというと、1人は30代にして三段腹、もう1人は私とは母と娘ほども年が離れた60代という年齢だったからです。人の体というものはここまで変わるものなのかということを目の当たりにすると、驚きとともに、とても励まされました。

そのほかにも、「何をやっても凹まなかったお腹が凹んだ」「捨てられなかった20代の頃のジーンズを履けて感動した」「つらい肩こりが楽になった」「長年の腰痛でコルセットが手放せなかったのが嘘のよう」「便秘がよくなった」「自信がついた」「運動のストレスから解放された」「同窓会で若いとほめられた」など、喜びのお声は多岐にわたります。

また、講座を受けた方が帰りに「なんだかすごく気持ちが明るくなりました!」とわざわざ言いに来てくださることもめずらしくありません。これはおそらく、背すじを伸ばすことによる効果と思われます。私も以前から、落ち込んでいるときに意識的に背すじを伸ばすと元気が出ることを感じていたのですが、これは気のせいではなかったとわかりました。

体の状態と気持ちの状態にはフィードバック機能があって、体の状態によって心の状態が変わることが脳科学など様々な分野の研究で確かめられています。

たとえば、「笑いヨガ」では、おもしろくもなんともないのにひたすら大声で笑うのですが、そうしているうちに本当に気持ちがすっきりし、楽しいわけでもないのに、なぜか明るい気分になるのです。笑うことで免疫力が上がることも血液分析の結果で確かめられていて、「笑い」は病気の治療としても取り入れられるようになっています。「笑う門には福来たる」が科学的に確かめられた形です。

数多くの研究でも、一定の時間、背中を丸めておいてもらうグループと、背すじを伸ばしておいてもらうグループでは、前者は暗い気分に、後者は明るい気分になることが確認されています。ダイエットドローインでは、背すじを伸ばすことを重視していますから、脳が気持ちに影響しているということでしょうか。

実は、ダイエットドローインを実践されている男性から、「精力が戻った」というお声をいただくことがあります。

お腹を大きく引っ込めることで腸が刺激されて便秘が改善する人は多いので、当初は、それと同じく、内臓器官である精巣の血行がよくなるのかなと推測していました。けれど、むしろ姿勢がよくなることで、体が「若返った」と脳が勘違いをする、そんな可能性もあるのかもしれません。


考えてみると、私自身の人生もお腹を凹ませることで大きく変わりました。

10年間も様々なダイエットに失敗し、あきらめきれずに一念発起してOLをやめてスポーツトレーナーを目指してからもう30年以上になります。

正直なところ、自分がこんなに長く「運動」に携わる仕事をするとは、夢にも思っていませんでした。なぜなら、私はもともと文科系で運動神経がけっしてよいとは言えず、正直に言うなら「運動嫌い」だからです。

トレーナー修行中にひどく腰を痛めたときには、腰痛に対する認識はゼロでしたので、自分の体に何か起きたのか、このまま一生歩けなくなってしまうのではないかと、絶望的な気分になったものでした。

なんとかスポーツクラブに就職して数々の疑問と向かい合ううちに、「運動」の本質的な意味について考えるようになりました。そして、指導経験を積むなかで、わざわざ「運動」をしなくてもお腹は凹むし、十分に健康的な生活ができるということを確信するようになりました。

スポーツや運動するのが好きな人は素敵です。けれど、運動が好きではない人もいるし、たとえ好きな人でも忙しくてできなくなることもあります。

運動の原点は日常動作であり、生活のなかで意識的に体を使うことの効果を伝えたい。そんな思いが本書をふくめ、19冊もの著書として形になりました。

もし、腰痛に見舞われることがなかったら、お腹を引っ込めることにお腹を凹ませる効果があることに気づくことはなかったでしょう。

そのときには失敗したように見えても、つらい経験が貴重な体験となりました。あきらめずに問題を解決する能力を高めることの大切さを今も感じています。困難に直面したときでも物事を前向きに考えられるようになったことは、私の人生においてかけがえのないことです。

姿勢を見直してお腹を引っ込める、ちょっとした意識ひとつで人生がよい方向に変わる喜びを直接お目にかかれないあなたにも味わっていただけますように願っております。

最後になりましたが、本書を手にとり、最後まで読んでくださって、本当にありがとうございました。

植森美緒ホームページ
http://www.mio-u.net/

［著者］
植森美緒（うえもり・みお）
1965年生まれ。健康運動指導士。ダイエットに失敗した10年間の経験を生かし、リバウンドしない方法を提唱。 自らもそれを実践し、最大60kgから14kg減量した体型を維持している。スポーツクラブ、カルチャースクール、専門学校、整形外科、自治体、健康保険組合、企業、女性誌など多彩なステージで活動を重ねている。実践のしやすさと続けやすさをモットーにしたセミナーは、その場で効果を実感できる点が参加者からも好評。著書に、『30秒ドローイン！腹を凹ます最強メソッド』監修：石井直方（高橋書店）、『腹だけ痩せる技術』（メディアファクトリー新書）、『世界一簡単な「くびれ」の作り方』（PHP文庫）など多数。

1日1分で腹が凹む
――4万人がラクに結果を出した最高に合理的なダイエットの正解

2019年6月12日　第1刷発行
2022年10月14日　第5刷発行

著　者――――植森美緒
発行所――――ダイヤモンド社
〒150-8409　東京都渋谷区神宮前6-12-17
https://www.diamond.co.jp/
電話／03･5778･7233（編集）　03･5778･7240（販売）

装丁・デザイン・DTP――鈴木大輔（ソウルデザイン）
イラスト――――中村知史
校正――――――星野由香里
製作進行――――ダイヤモンド・グラフィック社
印刷――――――加藤文明社
製本――――――本間製本
編集担当――――中村直子

ISBN 978-4-478-10802-4